U0635812

明帝国与金楼白象
1582—1606

杨添 著

中华书局

图书在版编目（CIP）数据

明帝国与金楼白象：1582－1606/杨添著. —北京：中华书局，
2024. 6
ISBN 978-7-101-16545-6

Ⅰ. 明… Ⅱ. 杨… Ⅲ. ①中国历史–明代②缅甸–历史–东
吁王朝（1531~1752） Ⅳ. ①K248②K337.3

中国国家版本馆 CIP 数据核字（2024）第 030798 号

书　　名	明帝国与金楼白象（1582—1606）
著　　者	杨　添
责任编辑	傅　可
责任印制	陈丽娜
出版发行	中华书局
	（北京市丰台区太平桥西里 38 号　100073）
	http://www.zhbc.com.cn
	E-mail：zhbc@zhbc.com.cn
印　　刷	三河市中晟雅豪印务有限公司
版　　次	2024 年 6 月第 1 版
	2024 年 6 月第 1 次印刷
规　　格	开本/850×1168 毫米　1/32
	印张 9⅝　插页 6　字数 140 千字
印　　数	1-8000 册
国际书号	ISBN 978-7-101-16545-6
定　　价	68.00 元

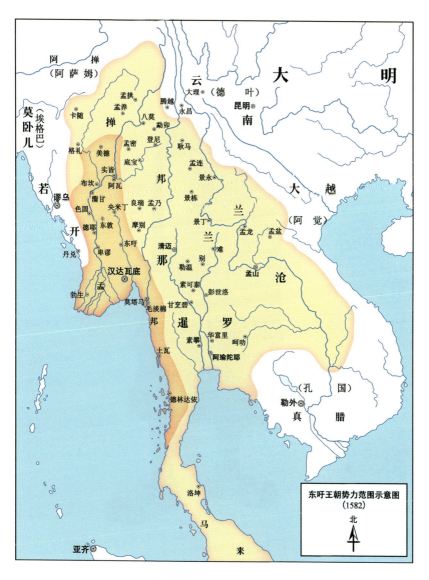

东吁王朝势力范围示意图（1582）

（谢信业制图）

缅甸莽应龙塑像（林媛提供）

滇西古傣刀之双手刀，入鞘后可以当杠杆或船桨，没有刀镖的造型是为了
进入丛林山地方便活动（张玉提供）

双手持握的滇西古傣刀（张玉提供）

阿瓦（曼德勒）地区的神庙（花蚀提供）

缅甸国家博物馆藏盾牌与长杆武器（花蚀提供）

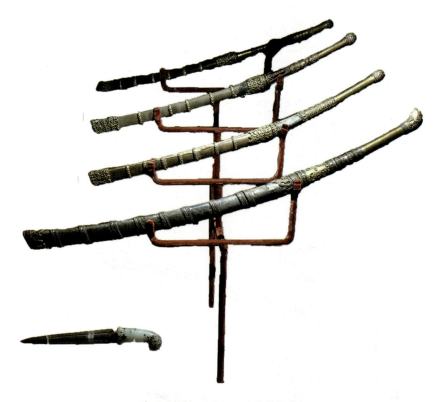

缅甸国家博物馆藏缅刀（花蚀提供）

刘綖威远营誓众碑

明军火器——火龙出水（复原图）

目　录

楔　子

大明万历十一年（1583）正月初一，明帝国西南边疆，云南布政使卜属的永昌军民府施甸长官司土司城内。这里聚集着傣族、布朗族、彝族等族居民，他们世代在此居住，繁衍生息。这一天是汉人的春节，整个云南的汉人聚集区都张灯结彩，热闹非凡。

不过施甸土司城的居民们并不过汉人的春节，他们过的节日是正月十六的"哀牢犁耙会"，因为他们都认为这里的居民不管是哪个民族，都是哀牢古国的后裔。这一天是祭祀大官庙与小官庙的日子，居民们会赶往永昌城东（今云南保山市）哀牢山地区参加祭祀哀牢国王的活动，同时进行各种农产品和手工艺品交易，那天才是他们一年中最盛大的节日。

然而这一年的哀牢犁耙会，施甸的居民们怕是赶不上了。这天，土司城门突然被人撞开，居民们有些慌张地望着破开的木制城门，木制城墙上还飘着施甸长官司的旗帜，守城的土司兵早已消失。前些天也听人说附近闹起了兵祸，但应该不会这么快打到这里，毕竟这里是大明的辖区，明军就在土司城以北一百多里的永昌城内驻扎，哪个土司胆子这么

1

大，敢在明军眼皮子底下作乱？

正在居民们不知所措时，有一队骑兵和光脚的步兵簇拥着两三头大象进入了土司城内。施甸的居民首先看到的是袒胸赤脚、身上刺满经文和动物纹身的士兵，他们手上或拿着长矛，或拿着没有护手的弯刀，头上裹着白色或是黑色的头巾，大摇大摆地朝自己这边走来。居民们很快就认出这些人也是云南滇西地区的土司兵，和他们城里的士兵一样，于是人们慌乱的心逐渐安静了下来。突然，"嘭"的一声枪响在城中传开，人们本来稍微平静的内心又被这声枪响打乱了。

开枪的是后面骑着马的士兵。居民们这才看清楚，进城的那队骑兵和几头大象上坐着的士兵与自己熟悉的土司兵根本不一样。马上的骑兵虽然也裹着头巾，但领头的几个头上戴着颜色鲜艳的头盔，或绿色、或红色，造型像一个个佛塔塔尖；而象背上坐着的人，身上穿着好似火焰形状的战衣——这明显不是云南的土司兵。

"东吁军来了！快跑啊！"人群中突然有人认出了这些士兵是东吁王朝的军队，大喊了起来。居民们愣了一下，然后开始各自逃命。他们这才知道，缅军来了。

原来，当时跟着东吁军一起入城的还有已经投靠东吁王朝的滇西陇川宣抚司、耿马土司等地的土司兵，他们和施甸居民的风俗习惯类似，所以刚入城时，施甸的居民没有认出他们是谁，等人们反应过来时，早已错过了逃生的机会。那一声枪响就是东吁军将领的号令：包围土司城，不放走任何一个人！

此时土司城已经被东吁军合围，居民们跑不出去，只能四散躲入城中的建筑里。东吁军和其他土司兵开始挨家挨户搜查，起初只是砍杀反抗之人，到后面不分青红皂白，只要觉得是没用的人就统统杀死，施甸城内惨叫连天。这年的大年初一对施甸城的居民来说，就是人间炼狱。

这时候，一个东吁将领骑着马和几个土司兵头目聚集在一起，窃窃私语了几句，之后就分别派人冲入居民堆里开始寻找。不一会儿，就看见四个士兵架着一个孕妇出现在了东吁将领和土司头目们面前。

孕妇此时流着眼泪，有气无力地瘫坐在地上，眼神里充满哀求。这时走出来一个满脸纹身的人，对着孕妇默默地念着什么。孕妇的表情突然惊恐起来，她挣扎着想要逃走，却迅速被几个士兵摁倒在地。

那个满脸纹身的人念叨完毕，从身后抽出一把短柄弯刀，沉着脸往躺在地上的孕妇走去。此时孕妇的尖叫声充斥在土司城内，但没人敢上前帮她，大家都被东吁军和土司兵的屠刀杀怕了。随着一声撕心裂肺的惨叫，几个摁着孕妇手脚的士兵身体狠狠地抖动了一下，满脸纹身的人放下沾满鲜血的短柄弯刀，从孕妇那被剖开的、喷射出大量鲜血的肚皮中抱出一个婴儿，然后高高举起还在滴血的婴儿，缓缓地说："是个女孩儿。"

东吁军将领和土司兵头目沉默了一会儿，然后对着士兵们高声说道："占卜结束，是个女孩儿，我们把俘虏抓回去，然后继续往东进军！"

信仰佛教的缅甸东吁王朝而为何会做出如此残酷血腥之事，而且还是在大明的境内？这还得从很多年前说起……

第一章

戛撒之围

危机将至

明神宗万历三年（1575），时任云南金腾兵备副使的罗汝芳正率着自己并不算多的兵马星夜兼程地赶往腾越州腾冲城。这位王阳明心学泰州学派的重要传人已经调任云南数年了，作为一个著名思想启蒙学派的传承者，近溪先生罗汝芳在云南这几年兢兢业业，做了很多实事。若是眼下这件事情做成了，他在大明朝乃至后世的声名可能会超越他的学生——汤显祖先生。

调入云南这几年，罗汝芳把农业作为头等大事来抓，对云南的水利设施做了一番重修，据称，其兴水利灌田四千余亩，并"以讲会乡约为治"。罗汝芳的举措志在恢复云南地区的生产力，休养民生，因为这个区域自从大明朝建立以来，已经数次遭遇战争蹂躏，民不堪命。尤其是滇西地区，从明军入滇开始，一直到三征麓川，再到后来大大小小的土司叛乱，从未真正摆脱过战争阴影，故此时迫切需要恢复生产以巩固大明的边防实力。

作为颜钧的学生、王阳明的第三代弟子，罗汝芳与当朝的第一权臣首辅张居正大人似乎不太对付。这个传闻真实与否暂未可知，但张居正让罗汝芳功亏一篑却是既成事实。

罗汝芳此时的职位是金腾兵备副使。设置兵备道是为了"整饬兵备"，对内要负责镇压叛乱，对外要抗击侵略。因此，明代兵备道虽然属于按察司系统，但是由兵部负责。兵备副使属按察司，无定员，也是兵备道的最高长官。他们的辖区大小不同，但能统领辖区所属的卫所士兵，同时受到督抚与巡按御史节制。金腾兵备副使设立于大明弘治元年（1488），除了军事任务外，还负责纠察奸细、修理城池、处理居民诉讼、积蓄粮储、管理军民及土司地区交流等事宜。

罗汝芳学没学过武我们并不知道，但他对于军事至少是了解的。设置兵备道的地区，可以扩展很多权力，包括主持兴修水利、马政和盐政，总之，凡是有利于该地区防务能力的事都可以插上一脚。但统领的兵员是有限的。尤其滇西这种处于崇山峻岭的亚热带雨林地区，自古交通不便，烟瘴丛生，金腾兵备辖区也就是以前的金齿卫所（后改永昌卫）加上腾冲军民指挥使司区域，大致在今天云南保山到腾冲一带。

那么在万历初年这里能有多少兵马呢？具体数据不得而知，但正统七年右都御史丁睿曾经有言："（洪武年间金齿）屯守汉军不下二万，（僰〔bó〕人）土军不下千余，今逃亡太半，汉军仅余三千，土军仅余六百。"（《明英宗实录》卷九二）洪武年间到明英宗正统七年（1442）过去了几十年时间，金齿地区的兵力就差不多减少了八成。虽然明朝规定一个卫驻军 5600 人，一个千户所 1120 人，一个百户所 112 人，但那是明初洪武、永乐鼎盛时期的编制。三征麓川之后，明朝在腾冲筑城置司，除了腾冲千户所外，还设立前、后、中、左、右五个千户所，一共六所兵，兵员 6720 人。

明朝同时花了三年时间修建了腾冲城，城楼被方方正正的城墙环绕，城周长七里三分，共有四个城门，各有门楼，东门为霭化门，西门为永安门，南门为靖边门，北门为溥润门，四门都有卫兵轮换驻守。城内还有学舍，腾冲城堪称大明极边第一城，也是明朝在滇西边疆的象征之城。不过明朝后期吃空饷以及逃亡的卫所兵越来越多，实际能留下的兵员不多。而为数不多的兵员还要维持基本的治安防务，故征战时部队需要临时扩充征召，像云南这些边境省份则是要连当地的土司兵一起征召才能将战事应付下来。

至于那些土兵，除了土司自己的亲兵外，基本都是战时临时征召的民团性质的部队，固定的服役人员很少，分为哨兵、弓兵与铺兵。人数多的也就几百人，少的则百来人，平时负责保境安民、缉拿盗贼，更大的作用是当向导和辅助明军作战。除非是域外木邦、孟养这种大土司，寻常土司一般很难形成像样的作战兵团，更谈不上有多强的作战能力。

这也是明朝政府刻意为之的，把原本强大的麓川王国击溃后，分成细小的各路土司，以达到"以夷制夷"的平衡目的。在明朝时期，滇西土司的军事实力要远比后世清朝时期强大，为维护边境安定，明朝刻意削弱当地土司的势力，让土司们难以再聚集成大兵团作战。

以土司最高一级的宣慰司为例，比如车里宣慰司（今西双版纳），每个宣慰使身边都有八个侍卫轮流守卫，一般都由自己的家臣或子孙担任。宣慰司署还设有傣语称为"召火哈"的总侍卫长，下面还有副职。宣慰司下辖诸多小土司以及村寨，每个村寨都要替宣慰司养一名武士，武士免除各种劳役，专职打仗以及巡捕工作，这算是当地土司的职业兵，宣慰使往往也会赐予他们土地，让其成为头目。

傣语里，城市叫"孟（勐）"，当时一个孟有武士60多人，也就是大约每城供养60个职业军人。同时还有分别管理弩、长矛、马、象、巡捕、护卫的军官，也可以算作宣慰司里的头目。

宣慰使下面通常有武官三人——右榜止儿帅（也叫右将军），右榜副元帅（也叫左将军），以及先锋大将（傣族乃至今天的泰国，也都是以右为尊，形容一个人是大人物身边得力助手的时候，往往会称其为大人物"右手"）。通常只有遇到大仗的时候，才会征召百姓一起参战，平时的战争都是派职业兵出战；如果职业兵不能取胜，那么左将军就会动员当地百姓每五户人家抽三丁或者三户抽一丁参战；如果还无法赢得战争，右将军就会动员百姓每户出一人参战。如果这样还不能获得胜利，那宣慰使就得亲征了。整个城的壮年全部出动，由侍卫长、副侍卫长率领所有侍卫前后拱卫宣慰使、左右将军和先锋一起领兵出战。

当然，以上通常是被动防守状态下的出兵次序，如果遇到土司反叛，那土司通常会动员所有男丁参与战斗，而男丁们的自主参与度也很高，因为如果打赢了，每个人都可以抢到不少战利品，所以每次土司起兵造反或者劫掠其他土司的时候，兵员都会突然增加。至于士兵平时的训练情况，按照傣族最早成文的法规《芒莱法典》记载，至少在十三至十四世纪时期，傣族士兵就有规定：参军先当步兵；步兵能取骑兵首级者，升为骑兵；骑兵能取象兵首级者，才可以升为象兵。可见土司兵也形成了自己的训练体系，平时聚则为兵，散则为民。

罗汝芳虽然励精图治，但这时候手里可以调动的兵马人数不会很多。因为土司调兵也需要时间，更何况附近最大的土司也才是宣抚司级别，所以他手上很可能就一两千汉军加上一些土司兵，这点人马无论如何是应付不了他即将要面对的敌人的。因为他的敌人不是普通的域外"土酋"，而是在中南半岛历史上征战四方、让各国都畏惧臣服、拥有"金楼白象王"称号的缅甸东吁王朝一代雄主——莽应龙（勃印囊）。

罗汝芳是收到了求援才星夜兼程赶过去的。向他求援的人也很特别，此人名叫思个，傣族人，祖上曾与明朝作对，惹得大明不惜倾全国之力征讨。如果早生个一百多年，他没准儿也能混个世子当当，运气好也能过一把国王的瘾。可惜轮到他继承家业的时候，他家的领地已经龟缩到了大金沙江（伊洛瓦底江）的西岸，一个叫作孟养的地方。

孟养是傣语叫法，傣人在如今的缅甸被叫作掸人，但无论是云南的傣族、缅甸的掸族，还是老挝的老族、泰国的泰族，他们在当时都自称傣人。

孟养里的"孟"是城市的意思，"养"则是鹭鸶的意思，孟养在滇西傣语里面就是鹭鸶之城的意思。据说傣族人聚集的地方鹭鸶就多，这很可能是因为他们喜欢依水而居，而鹭鸶又是捕鱼能手，喜欢栖息在森林、沼泽、湖泊等处，所以靠水吃水的傣族人就把今天缅北伊洛瓦底江西岸这片聚集地叫作鹭鸶之城了。

孟养之前是明朝的宣慰司，名义上是明朝的属地。宣慰司是羁縻系统里最高一级的称号，其首领宣慰使等于明朝武职系统里的从三品，也是土司系统里最高一级封官。孟养宣慰司是当时明朝"三宣六慰"体系中的一环，地位在边疆土司里不可谓不高。但孟养的所在地位于今天缅甸西北克钦邦境内的莫宁地区，至今都还是一个落后区域，为啥当年会被明朝如此重视呢？

孟养在元朝时期，还是一个以原始土著人为主、人烟稀少的地区。而后开始有一部分西迁傣族人于此定居，到了明朝麓川王国首领思任发崛起后，这里才正式成了麓川王国的势力范围。而明朝三征麓川，击溃了这个庞大的傣族王国后，其王族核心成员大部西逃至孟养，聚集在大金沙江西岸地区。当时负责征讨麓川王国的总督王骥在最后一次征讨后，与当时退守孟养的麓川余部首领思禄在金沙江边立下石碑，并许下告诫："石烂江枯，尔乃得渡！"让思禄家族世世代代不得越过大金沙江，侵犯云南内地。同时，孟养也变成了明朝的宣慰司，麓川王国也不复存在了——至少明朝方面是这么认为的。

如今的孟养宣慰司首领变成了思个，虽然此时的明朝不承认孟养的宣慰司地位，但思氏依然认为自己是整个大金沙江以西的首领。思个是思禄的后人，也是麓川王族后裔。思氏是他们家族的傣族姓氏，思通舍，是傣语里老虎的意思，虎是百兽之王，思氏一直就以能征善战、桀骜难驯闻名。到了思个这一代，虽然家族领土少了很多，但至少从后面发生的一系列事迹来看，思个确实无愧于"虎"这个姓氏。

戛撒之围

早在万历三年（1575）年初的时候，罗汝芳的前任、金腾兵备副使许天琦就已经派永昌卫指挥侯度到孟养给思个传达了明朝诏谕。思个当时接受了诏谕，并且表示自己一定配合明朝防御缅甸。因为他已经受够了缅王莽应龙的盘剥和征调，决心反叛缅甸，再次投向明朝。而且据说思个娶了一个名叫廖邦治的汉人之女为妻，所以对明朝又多了一分亲近。

思氏在麓川王国覆灭之后龟缩孟养，虽然他们不敢渡过金沙江侵扰明朝，但联合整个掸邦地区的傣族南下攻占缅族聚集区则是常有的事，甚至在思洪发时期（1527）一度攻陷了缅甸当时的国都阿瓦城。思洪发更是在当时的缅甸开展了清洗佛教的运动，造成了缅甸佛教历史上第一次也是唯一一次教难。也就是在那个时期，越来越多的缅族人逃离阿瓦城，聚集在下缅甸的东吁地区，让这里从一个小村镇慢慢发展成新的缅族中心，并且在实力壮大后反攻了回去，建立了著名的东吁王朝。

让东吁王朝真正崛起的君主是莽应龙的大舅哥莽瑞体，崛起的东吁王朝自然不会让当地的思氏有好果子吃，而后莽应龙继位，继续攻打孟养，也算是替缅族人复仇。实际上，上缅甸山地地区的傣人和景颇等民族与下缅甸地区的缅族的恩怨已经持续了几个世纪。缅族衰落的时候，缅北各族就南下控制阿瓦，而当缅族崛起的时候，又打回缅北，重建大一统王朝。三征麓川时期，缅甸就擒获了麓川首领思任发，但明朝答应分给缅甸的麓川王国领土没有兑现，这也是其日后与明朝发生冲突的原因之一。

思个这次向明朝求援，就是因为莽应龙的军队又打过来了。莽应龙是一个颇具雄才大略的人，这不光体现在他的政治手段上，更体现在他的军事才能上。与以前的缅甸君主不同的是，莽应龙每打下一个地方，就会强行推行上部座佛教，让这个地区成为教区，统一民众思想，这样日后民众反叛的可能性就会大大减少，执行命令也会更加积极。教区内，人们的思想变成了要保护"法王"，要为执行"法王"的意志而作战，作为"法王"的莽应龙，由此就有了更大威望。军事上，莽应龙收编了已经在缅甸扎根的葡萄牙雇佣兵团，拥有了装备精良的火器部队，同时还发明了用小口径火炮在象背上作战的战法，让原本只能以近战为主的战象获得了一定的远程作战能力，变成了原始的小型移动炮塔。凭借着卓越的军事才能，莽应龙带领军队连克数城，在中南半岛所向披靡。另外，他还尝试把一些地区的士兵固定下来，让一个村寨都从事一个兵种，开启缅甸军队的职业化进程。从各个方面来说，莽应龙都堪称是一位杰出的将领与君主。思个和罗汝芳要面对的，就是这样一个可怕的对手。

当思个的使臣十万火急地赶到永昌，告诉罗汝芳莽应龙大军已经开拔，不日即将抵达孟养展开攻击后，罗汝芳厚赏了来使，并让其先行返回，自己则立即召集人马驰援思个。听到这个消息后使臣满心欢喜，带着希望返回了孟养。

罗汝芳不是一个只会空谈的人。在云南这些年，他深知有一个政权正在缅甸迅速崛起，四处征伐，如果不早做准备，云南很可能将再次面临兵祸。虽然那时候明廷还分不清"莽瑞体"和"莽应龙"都是何人，但至少是知道了"莽酋"不断逼近明朝边境的事情。罗汝芳不敢怠慢，他立即采取了行动。

当时明朝不鼓励民间对外贸易，但云南边境早就形成了互市的氛围。除了茶叶、丝绸、象牙等官方固有的以及民间走私的贸易外，为明朝皇室所钟爱的缅北宝石更是交易大宗。往来缅甸和云南的各族商人络绎不绝，有的做正经生意，有的私自开矿，云南地方政府基本管不了。久而久之，缅甸的江头城和旧王都阿瓦城都形成了华人聚集区，甚至还有"大明街"。

于是罗汝芳招募了这些往来缅甸的商人，让他们抓紧时间探知缅北的山川道路，以及兵马和粮食储备情况。另一方面，他派人秘密传檄文给缅北的孟拱土司（今缅甸密支那市西南50公里，孟拱河右岸）和景迈（今泰国清迈）等傣族宣慰司①，让他们在明军抵达后一起夹攻缅军。这些地区的土司也受够了莽应龙的征调，纷纷表示愿意与大明一起抗敌。不久，被派去探听缅甸消息的人返回复命，罗汝芳对缅甸如今的情况已经摸清了七七八八，万事俱备，只欠东风。他马上调集了所辖地区的汉军以及土司兵，星夜兼程驰援思个，准备一举消灭莽应龙。

如果罗汝芳成功了，或许日后那场断断续续拉扯数十年的明缅战争就不会发生，此役就能把缅甸北扩的势头彻底堵死，历史将会是另一个局面，至少大明西南边疆的情况将会大为改变。

可惜历史没有如果。

当年十二月，罗汝芳的兵马已经赶到了腾越州，只要再经过前面的南甸宣抚司就到了孟养地界。收到消息的思个大喜，决定主动出击，送明军一份大礼。罗汝芳手里的兵虽然不多，但明军也是有火器的，如果运用得当，配合熟悉地形、气候的思个军队，那么打一场漂亮仗并不是什么难事。

---

① 东吁占领这些地区的时间不长，统治不稳，此地的土司时降时叛。

　　思个祖上就多次南下打过缅甸，熟悉当地情况，他让手下一万多人，从不同方向潜入了缅甸阿瓦境内，并且成功截断了缅军的粮道。思个也亲自带兵埋伏在戛撒（今缅甸杰沙）以北、一处名叫摩达（Motha）的险要之地，准备对莽应龙的军队展开伏击。

　　思个与莽应龙还有一段渊源。思个原本出生于孟拱城，其父是孟拱土司，1557 年缅军攻下孟拱城，思个作为人质被带往缅甸，和暹罗的纳黎萱王一样成为质子。莽应龙对这些质子还算宽厚，除了保证他们的食禄之外，还让人教他们知识，让他们学习各种语言以及军事技能，目的就是让他们成为自己在中南半岛各地的代理人，保证自己统治的稳固。

　　1564 年，当孟拱土司去世后，莽应龙派思个回去继任土司之职①，思个随后率军配合莽应龙多次远征。直到 1571 年，也就是隆庆五年，莽应龙出兵征讨澜沧王国（今老挝），传令思个出兵，思个知道此次出征凶多吉少，于是趁机反叛，重新自立。

　　思个的这一举动让缅北许多已经被缅军征服的土司

---

① 思个家族当时控制着整个孟养、孟拱地区。思个虽继任孟拱土司，但孟养也在其掌握之中。

纷纷效仿。莽应龙大怒，派遣东吁王朝副王（中南半岛古
代国家通常会设立一个副王作为国王辅助乃至预备）以及
阿瓦王率水陆大军北上征讨孟养，思个抵挡不住，率军北
逃，窜入茂密的原始山林中，一直北逃四百多里山路到了
孟伦土司地界（大致在今缅甸葡萄瑙蒙镇）。缅军不熟悉
地形，无法继续追击，加上雨季即将来临，为了不让部队
大规模感染疟疾，只能率军撤退，思个这才得以返回孟养
地区。

　　而这次莽应龙虽然是御驾亲征，但或许是太想打下孟
养这个世仇之地了，自从他结束征讨澜沧王国后，就立马
率领阿瓦王从水路出兵，另一路大军则由东吁王朝副王、
东吁王①与卑谬王率领，从陆路直接进军孟养城。莽应龙率
领缅军，乘着他那艘修建有多重楼阁，用金、银、珠宝装
饰的鸳鸯金御舫，沿着伊洛瓦底江而上，在戛撒区域登陆
后就大举进攻。

　　思个的傣族军队装备没有缅军精良，在缅军火炮和
象兵配合下，以冷兵器为主、仅有少量火器辅助且不穿甲
的傣族军队一触即溃。莽应龙和思个已经打过好几次交道

---

① 东吁王指东吁城城主明康，此时东吁王朝的首都在汉达瓦底，莽应龙
　是东吁王朝的国王，并非是东吁王。

了，每次都是思个据守孟养不出，从而导致缅军因后勤补给困难而撤军，所以莽应龙认为这次野战必将大获全胜，于是下令缅军追击，一直追到了戛撒以北的摩达地区。虽然缅甸和孟养等地区在 15 世纪初期就因为明军金齿卫携带火器叛逃的士兵而获得了少量火器与制作技术，但毕竟数量有限，威力也不大。16 世纪缅甸获得葡萄牙人支持后，其装备的火器威力大增，孟养等缅北土司则还是老式的火器，而且数量有限，无法抵御缅军进攻。

戛撒处于山谷地带，易守难攻。缅北地区的傣族人长期在山地生存，已经习惯了翻山越岭。和在河流下游冲积平原地区生活的缅族不同，山地作战是傣族的强项。史料中就曾经用"山川延邈，道路修阻，固名之缅也"来形容缅甸的地理环境（顾炎武《天下郡国利病书》卷 112）。思个就在这里布下了天罗地网。

缅军一进入山谷，马上就被伏兵切断退路，同时前进的道路也被堵住。缅北山区有着茂密的亚热带雨林植被，如果不熟悉地形，贸然入林，很容易迷路而被伏兵击杀。

这一下缅军开始慌了，这些身穿着佛塔造型的战衣、戴着武笠帽的精锐缅军很快陷入了混乱。但思个依然不主动出击，而是派人守住通道，坚壁清野，不与缅军交战。

思个当时身在孟拱城，他下令孟养土司和手下大将包拉傣
侯伏兵于要塞险隘处，断绝缅军粮道。孟养土司与包拉傣
侯派人成功袭击缅军粮道，并且设计用河水冲毁了缅军的
船只，缅军退路被彻底截断。孟养军队只等罗汝芳的明军
赶来，就和明军首尾夹击，全歼缅军，除莽应龙！

　　如果成功，思个将会成为先祖思任发之后最著名的麓
川王族，也将会是傣族历史上耀眼的首领之一。只可惜，
他还是差了点运气……缅军被围困一段时间之后，粮食几
乎耗尽了，部队陷入了饥饿之中，甚至出现了用金子在当
地村子买米的情况，后来甚至不得不宰杀战象、马匹这样
重要的战略物资充饥，再到后面已经开始剥树皮、挖草根
吃了。同时，缅军中又开始传染热带雨林常见的疟疾，非
战斗减员严重，死者堆积如山。

　　"金楼白象之主"，即坐在象征吉祥和荣耀的白象背
上的君主，象背上是金子打造的战楼。这在中南半岛是至
高无上王权的象征，莽应龙就称自己是金楼白象之主。他
认为自己是佛教的护法，有义务也有责任统一上座部佛教
流传的地区，他是缅族的希望。但此时，眼看希望就要破
灭了。

　　莽应龙着急了，他放下身段，破天荒地派人向思个这

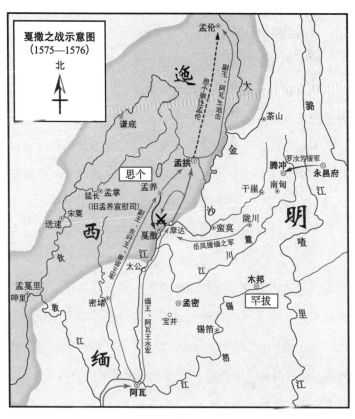

谢信业制图

个世仇求和，但被思个果断拒绝了，因为在思个看来，你不是什么"金楼白象之主"，你只是我麓川王国曾经的属国，我们之间的仇该了断了。

思个再次遣使前往云南求援，这时景迈等地的土司已经集结好兵马，就等明军抵达，然后配合出击，然而，罗汝芳的部队却停下了。

不是罗汝芳不想前进，而是云南巡抚王凝的传檄让他停住了。原来，在罗汝芳一开始带兵出击的时候，巡抚王凝就一直拿不定主意，因为毕竟是调动兵马出境作战，干系重大，他就向当时的内阁首辅张居正请示，张大人回复道："滇中自嘉靖以来，屡婴多故。其初皆起于甚微，而其祸乃至于不可解。穷荒绝檄之外，得其地不可耕也，得其民不可使也，而空费财力以事无益，使无辜之民肝脑涂地。不仁哉……严禁军卫有司，毋贪小利，逞小怨，以骚动夷情，则可高枕卧治矣。"（《答滇抚王毅菴论夷情戒多事》，《张太岳全集》卷二十七）

张首辅明确说了，得其地不可耕，得其民不可使，打下来有什么用？可能是当时明朝的防御重心早已往北，也可能是钱粮不够，总之，朝廷不愿意再在西南起兵，罗汝芳的这次出兵就这样被张居正否决了！

"汝芳接檄，愤恨投帻于地，大骂而罢。"（《滇志·缅略》）兵备副使受督抚节制，有令必须听从。我们可以理解罗汝芳当时的心情，更能理解思个的心情——他几乎要改写历史了……他已围困缅军月余，力疲而援军不至，心灰意冷……这时候此战另一个关键人物——江西人岳凤出场了。当岳凤探知明军不会再来了，就带兵走小路援救莽应龙。这位当了汉奸的江西人日后也被江西人收拾了，不过那是后话了。本已陷入绝境的莽应龙获得了岳凤带来的向导和援军，急忙从小道撤退。思个知道这时候如果不下手，将再无机会！

傣族军队倾巢而出，杀声四起，思个的士兵或持双刀，或持长矛，或持刀盾，赤脚狂奔，疯狂地追杀虚弱至极的缅军，莽应龙在向导引路和亲兵护卫下从小道突围。思个的士兵且追且杀，士气已经崩溃的缅军无力抵抗，只能任人宰割，生还者只有十之一二。

这是莽应龙成名后遭遇的最大失败，缅甸历史上最负盛名的帝王，差一点在此被终结，这就是历史上著名的戛撒之围。不过按照缅甸方面的记载，莽应龙并没有被围困，但他的部队确实出事了，记载里莽应龙识破了孟养头目和包拉傣侯的伏击，孟养土司战死，包拉傣侯被俘虏，思个被迫撤退。缅军一直追击思个到达大雪山、坎底、孟伦等处，最终也是在雨季到来前因为疾病和缺少粮饷，加上刚刚征讨过的澜沧王国兰纳（清迈）等地区再次叛乱，所以被迫撤退。当时包拉傣侯誓死不愿意背叛思个，莽应龙质问臣下，说包拉傣侯只有思个分配给他的七八十户人家的包拉傣村作食邑，都能做到不背叛，你们不感到羞愧吗？最终莽应龙非但没有降伏包拉傣侯，还让他在带路抓捕思个的时候跑掉了。

真实的情况很可能是思个为了向明朝求援，故意让人夸大了自己的战绩，但莽应龙那边也肯定出了大问题才会突然掉头。孟养军队顺利截断缅军粮道之后，莽应龙紧急派遣阿瓦王率军掉头攻击孟养头目和包拉傣侯的部队，最终孟养军兵败，思个北遁。

思个之死

戛撒之围最终因为明军的失信而没能灭掉莽应龙，思个拼尽全力截杀，却依然只能眼睁睁地看着莽应龙逃走，愤恨之心难以言表。在缅北诸土司看来，明朝方面没能履行承诺。滇西的士民们也叹惋是错失良机，一时间邻人道路以目，对和缅甸相关的话题避而不谈，怕触怒官府，引来祸事。

明朝本来可以按约发兵援助思个，这样既可以扬威外域，也可以让缅北诸土司断了投靠莽应龙的念头。可惜，仅靠罗汝芳一个人改变不了局面，明朝失信于西南边疆，缅北诸土司日渐失望。鉴于明廷的出尔反尔，诸土司纷纷暗自琢磨投靠莽应龙以求保全自身。如果他们全部投缅，那么永昌、腾冲，乃至整个云南地区都会不得安宁。

罗汝芳在第二年调任云南省右参政，这实际是一场"明升暗降"的政治游戏，朝廷以升官为由削去了罗汝芳的兵权，他再也没有机会联系思个，解释自己因何不至。

其实也不需要解释了。

不久，罗汝芳就因公去了京城，到了京城之后，他除了公事外，还时常应邀去讲心学，朝中很多官员都慕名前去听课，从而引起了首辅张居正的不满。张首辅使人弹劾罗汝芳"事毕不行，潜往京师，摇撼朝廷，夹乱名实"（《明儒学案》卷三四）。这次，他与张居正不和的传闻终于坐实了。

罗汝芳没能按约出兵是因为张居正。张居正不了解当下的缅甸，坚持采取"处以安静"的政策，也正是这个政策，导致了张居正去世后，云南边疆兵祸四起，缅甸东吁王朝卷土重来，不过那时候罗汝芳早已管不了云南的事情了。被张居正弹劾的那一年，罗汝芳就被罢官了，他回到了家乡江西南城县。回乡后，他率弟子游金陵、两浙、湖广，沿途讲学，所到之处，座无虚席。万历十六年（1588），罗汝芳去世，享年七十四岁，他比张居正晚去世了六年。那一年，明缅之间已经打过了几次大仗，他当年驻守的滇西边境已陷入绵延不断的冲突和战火之中。

思个的结局更惨。就在莽应龙逃走后的第二年，万历六年（1578），明廷为了安抚莽应龙，居然廷议遣使到孟养，让思个交出俘虏的缅军士兵和战象。思个当时已心灰意冷，他知道，自己论实力还是不能和明朝翻脸，加上已经得罪了莽应龙，是不可能再投缅的，于是只得将兵象交给明使。但没想到的是，明使带着金帛等物品加上被俘兵象去到东吁王朝境内的时候，莽应龙根本不承认这些俘虏是缅军的，拒不受之。最后在明使的强烈要求下，莽应龙才收下俘虏，但称这些俘虏可能是边地土司的，直接把这些人发配去了边疆，坚决不对明使称谢，态度十分强硬。

当时熟悉云南边事的诸葛元声感叹道："莽酋是时已诱我木邦，侵我迤西，据我陇川，残我干崖；贼势如此，乃犹循循焉还其俘，重其币，欲求与解怨修好，所谓掩耳偷铃、割肉饵虎也。'安静'一言，误人至此，奈何！"（《滇史》卷十三）明朝西南边疆的虚实，经此一役已经被莽应龙知晓，所以仅仅过了一年，莽应龙就再次起兵攻打孟养，以报戛撒之仇。

这次思个知道再也没有援兵了，在苦苦支撑了一段时间后，他不得不往腾冲城方向逃走，希望能进入大明腹地，寻求庇护。但可惜，他并没能抵达腾冲这座极边第一城。他在前往腾冲的途中就被叛变的部下郎都等人抓住，押送到了莽应龙那里。思个在面对眼前这个世仇时坚决不屈服，最终被莽应龙处死。思个死后，麓川王族最后的栖息地"鹭鸶之城"彻底沦陷，莽应龙"尽并孟养地"。（但在缅甸的史料记载中，思个没有死，而是一直被关在东吁王朝首都汉达瓦底。莽应龙在1576年再次派兵攻打孟养时，思个不敌，再次北撤，但其部下不愿意再忍受奔波劳苦，所以擒获思个献给缅王，思个的同僚被当作奴隶卖往加尔各答。然而莽应龙最终还是赦免了思个，但没有放他走，而是让他戴上脚镣，并把他的脖子锁在汉达瓦底的城门柱子上，每个城门示众七天，期满后才解除，最后赏给思个十个奴隶，让他在汉达瓦底舒适地度过余生。）

至此，除了南甸土司外，孟养、孟密、木邦、陇川、干崖等云南边疆土司实际已被缅甸东吁王朝控制，永腾地区藩篱尽失。三年后的万历十年（1582），东吁王朝大规模入侵云南，明缅战争正式拉开序幕。

第二章

缅王北扩

缅王北扩

人明万历十年（1582）十月，缅甸东吁王朝已故"金楼白象王"莽应龙的儿子莽应里，往大明边境地区的镇康州（治所在今云南永德县东北）派遣了两百名士兵、数十头大象，还有几船鸟铳，作为缅军的先头部队，同时安排已经兵败投靠缅甸的孟养、孟密、蛮莫等地土司，派兵护送岳凤回到陇川。

岳凤这个头号汉奸就这样堂而皇之地回到了他篡夺的陇川地区。此时的滇西边疆地区，大土司里有且仅有南甸土司还在明朝手里，其余土司因为思个事件，不是已经投缅也是即将投缅，大家似乎觉得大明已经无力管辖西南边地，崛起的缅甸将要取而代之了。

岳凤回到陇川后，第一时间就让自己的儿子曩乌派人带着缅文告示去往各边地土司，告知他们要"齐心归顺缅王"。边地土司基本望风而降，做好了迎接缅军的准备。该年十一月，东吁王朝新王莽应里正式起兵，率三路大军号称十几万入侵云南，一路往北，对这个看起来辽阔、强大的大明帝国发起了挑战。云南维持了将近一个多世纪的安宁将被打破。

相较于"金楼白象王"莽应龙，他儿子莽应里的名声就差了很多。他不光是在中国的史料里名声差，在中南半岛其他国家的史料里名声也差。其他国家虽然也认定莽应龙为侵略者，但至少佩服他的雄才伟略，毕竟他不是单靠军事手段来征服各地，就如他将上座部佛教推广到占领区的举措，已是达到统一意识形态的高度了，莽应龙还在这些地区大力废除土司妻妾殉葬制度，得到了一定程度的认可。但莽应里就不同了，他是一个标准的暴君角色，以他征讨各国的事迹来看，可以说他除了善战，再无可取之处。

由于整个滇西南地区边地土司基本已经投靠了缅甸，或者至少不再为明朝做屏障，只剩下南甸、耿马、景东、顺宁、镇沅、盏达、芒市等少数几个土司还忠于明廷，所以莽应里的战术是这样的：他把大军分成了三个进攻方向，由缅甸卑谬王和阿瓦王率军坐镇，第一路出三宣地区，以汉奸岳凤作为领头先锋，直接从陇川地区往腾冲城方向进攻，意在夺取整个永昌府。第二路进攻景东府（今云南景东彝族自治县）和镇沅府（今属云南普洱市），顺势把元江府（今云南元江县）攻下，这样就能连成一片，然后直接进攻昆明。第三路以罕虔为先锋进攻耿马、顺宁府（今云南凤庆县）地区，准备攻打下顺宁府后，直接夺取蒙化府（今云南巍山县）和大理城。

这个计划直接把云南最重要的两个城市昆明和大理列为了进攻目标，看来莽应甲已经不仅仅是要侵吞缅甸认为应该纳入自己势力范围的云南各族民族土司，而是要把整个云南省收入囊中，把曾经的"妙香国"（缅甸古代对大理国的称呼）变成自己的领土。

其实在缅人眼里，从其第一个大一统王朝蒲甘王朝建立开始，他们最重要的军事重镇和防御重心一直就是在北方。这个"北方"大部分时间都是中国，或是中国的区域政权，比如元帝国、明帝国、大理国和麓川王国，都曾是其防御重心。

蒲甘王朝时期，缅甸地方行政官员中级别最高、位置最重要的是驻守北部边境重镇"岗辛（kaun sin）"的官员。岗辛就在今天缅甸克钦邦的八莫附近，这个地区在蒲甘王朝时期就被称为"围栅"区，是为了防止掸傣族群以及北方政权南下，而在北部边境到东部边境修建的46处围栅防御工事，工事中有缅军驻扎。这证明缅人从建立起大一统王朝开始，就一直没有轻视过中国。而大明呢？

之前缅甸北扩的时候，明朝一些官员已经意识到了问题的严重性。当时的首辅张居正还为此问过一位名叫罗大参的官员，罗大参告知张居正，缅酋"有兵百万，战象万余，西南诸夷尽为所并，交趾亦半属之，将来必为滇人忧"。但张首辅对缅甸之事还是有所疑虑，他并非不相信罗大参，只是对其描述的缅甸情况有所怀疑，表示"其言不知何所据"。

实际上，罗大参对于当时缅甸的情况虽然有所夸张，但至少是说对了大半，虽兵力不实，但缅甸崛起这个事情是真的。而张居正只是给当时的云南巡抚王凝斋写信，告知他，对待缅甸只"修内治，饬武备"即可，不要轻举妄动。然而要面对缅甸这样处于强势上升势头的新兴势力，这样的准备是远远不够的。其实早在嘉靖年间莽应龙征讨兰纳（清迈）时，就对当时的兰纳王说："别说是小小的清迈，就算是中国的乌底勃瓦（皇帝），也挡不住朕的进攻！"可见他早已将野心对准了大明。

思个事件后，云南巡按御史陈文燧也发觉缅甸方面不对劲，不断传来边报，说缅甸正在四处用兵，他奏请重新在三宣地区设立参将，加强防御，同时还列出"制御土夷十事"，包括传信诸土司、抚慰三宣慰司、设立参将、修建城墙、备齐粮草、断绝汉民与三宣之外土司的往来、放宽土司承袭条件等等，但兵部只是将云南金沧守备移往腾越地区，协助当地土司而已。明廷对缅甸的重视程度依然没有达到应有的高度。罗汝芳、思个之事能有那样的结局，也就不足为奇了。

万历八年（1580），时任云南巡抚饶仁侃曾经派遣舌人（翻译）李阿乌到缅甸去招抚莽应龙。李阿乌在汉达瓦底见到了莽应龙，讲明大明从未侵略缅地，同时以三征麓川的旧事警告莽应龙，如有异心，大明随时会动手。莽应龙反问三征麓川的主帅王骥的后人是否在明朝做大官，李阿乌说"在朝为公侯"。莽应龙听后所有触动。李阿乌又说现在岳凤打着缅王旗号侵扰内地，莽应龙推说自己不知道，然后派人将李阿乌送回国，这次招抚就不了了之了。

不过到了缅甸真正进攻明朝实际管辖领土的这一年——万历十年（1582）十一月，张居正已经去世四个月了。巧的是，他一死，缅甸就真如前面几位官员所预料的，出兵云南了。这位曾经和名将戚继光配合，为大明加强了北方防御的一代名臣，在西南边疆问题的处理上，是不合格的。

兵烽四起

莽应里并没有像他父亲那样御驾亲征，一方面可能是莽应龙在戛撒之围差点一命呜呼让他心有余悸；另一方面，他刚登基不久，缅甸国内的根基还不稳固，需要坐镇后方。所以他这次派三路大军进攻大明，可以说只是一个烟雾弹，他的主要目的还是要巩固已经拿下的云南边境土司地区，然后尽可能地开疆拓土，而不是直接和明朝开启全面战争。

首先抵达的是蛮莫和孟养土司的部队。思个死后，孟养已经归顺莽应龙，此次做为先头部队进攻明朝，也是为了报明军见死不救之仇。很快，以孟养为先锋的这路傣人士兵率先进攻雷弄岗和盏达副宣抚司（今云南盈江县地区）。孟养的士兵战斗力很强，在一众缅北土司里算战力第一等的土司兵，而明朝在雷弄岗的驻军相当少，经历廖援极直接放弃防守，带兵投奔盏达去了。当时驻守盏达的副使刀思廷（也作刀思官）率领自己的土司兵前去迎敌，但很快就败下阵来。

刀思廷不敌，龟缩城内坚守，同时派出使臣前往腾冲求救，希望明军能在他粮草耗尽之前赶来救援。虽然盏达这些也是傣族土司，但当年麓川王国的核心或者说最善战的一批士兵已经去了孟养，如今双方战斗力相差悬殊，而且在孟养看来，盏达这些地方都是明朝打下麓川王国后分化出来的小土司，此战属于夺回自家故土，所以虽然对方是同文同种的傣人，但孟养兵下起手来一点儿不会留情。

孟养围困盏达的同时，岳凤的部队开始围攻干崖宣抚司（今云南盈江县东）。因获得缅军主力部队的支持，岳凤很快就攻下了兵力并不算多的干崖，俘虏了干崖土司夫人罕氏和其子刀怕庚。岳凤在向导湾甸州土知州景宗真的一路带领下，继续进攻遮放。守备袁钦笼不敌退走，岳凤俘虏了当地头人刀落恩夫妇，并将他们捆送给后方的莽应里。

云南边疆的这些土司都有自己的领土，而且领土内也有一套"迷你"的朝贡体系，大土司下面有更小的一些土司，或者说村寨。遮放就是当时陇川宣抚司下面的一个小土司。在滇西很多大土司都投靠了缅甸的时候，遮放这样的小土司真的不被放在眼里，但就是这个小土司的头目刀落恩，在这场战争中却展现出了惊人的傲骨。

刀落恩夫妇被送到莽应里手里后，宁死不从，坚决不降。莽应里大怒，下令将二人杀死，然后拿尸体去喂鹰。岳凤知道后非常愤恨，因为遮放是自己的辖区，自己的地盘里居然还有敢反抗自己和缅甸的人，所以他下令在遮放屠城，以泄心头之恨。

屠城结束后，岳凤继续率军进攻芒市御夷长官司（辖境为今云南潞西县及龙陵县部分地区）。和盏达不一样，芒市土司刀放福是岳凤的亲家，一开始他甚至都没准备防备岳凤，但直到他看见漫山遍野的人马越来越多的时候，才意识到事情不对劲了。等他终于弄清楚岳凤这是要造反后，慌忙带兵迎战，但已经来不及了，他的土司兵一触即溃，刀放福带着残余部队躲入山里。缅军攻下芒市后直接突进到了猛弄地区，这里离潞江只有两天的路程。如果缅军继续拿下潞江，就可以切断腾冲城和永昌府的联系，顺利围困腾冲这个大明极边第一城。岳凤的人马据说有十几万，但实际有没有这么多得打个问号。之前介绍过，土司兵很少有职业的，除了土司的亲卫外，很多都是临时征召的男丁，但如果缅北每个土司的每个城寨都出男丁，汇集起来，那凑个几万人马也并非不可能。

芒市司被攻陷后，孟养主攻的盏达战局也发生了变化。困守盏达土司城的刀思廷同时是干崖土司副使，他并

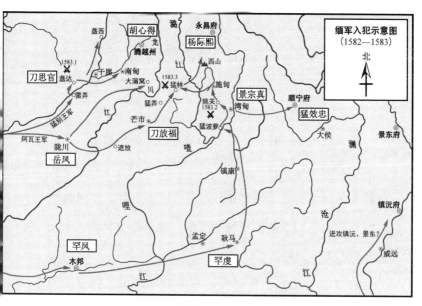

谢信业制图

不知道干崖的土司夫人罕氏已经投靠了岳凤。罕氏派人对云南官员说这是土司之间的仇杀，和大明无关。云南地方官员相信了她说的话，因为这种仇杀从嘉靖年间到现在一直没断过，加上罗汝芳等人的前车之鉴，所以没太怀疑。因此，盏达土司城的刀思廷没能等来明军援兵，活生生耗尽了粮草，于万历十年十二月十六日午时被缅军攻破城门，缅军随即展开了残酷的屠城。

缅军屠城是一种传统，目的是为了震慑反抗者。从战史来看，缅军在攻占中南半岛诸国的时候都有屠城记录，虽然不是经常为之，但每次战役总会有一两次。不过这次屠城和后面他们要做的事情比起来，残暴程度只能说小巫见大巫了。

战败的刀思廷全家被俘，雷弄的廖元伯、南甸的刀落宪也都被抓走了。另一边芒市土司刀放福因为是岳凤亲家，从山里派人请降后，顺利地回到芒市，继续做他的土司。经此一役，云南腹地已经暴露在缅军的兵锋之内，金腾蒙化地区随时面临着灭顶之灾，云南局势已危如累卵。

血腥的杀戮

本书取名《明帝国与金楼白象（1582—1606）》，是以缅甸东吁王朝雄主莽应龙的称号"金楼白象"为代指。白象是中南半岛古代的瑞兽，象征吉祥与无上荣耀，金楼是莽应龙御舟上的金色木楼，也是他的战象背上的金色座椅。他号称"金楼白象王"，是万王之王的意思。东吁王朝也是在莽应龙的治理下成为当时中南半岛的霸主，然后开始出兵北扩与大明接壤，继而才爆发了后面的一系列冲突。

缅军向导景宗真随即联系了姚关的莽光国与施甸司的莽国忠，对外声称自己是和罕虔来追捕已经投缅的木邦旧土司罕进忠的，轻而易举地让缅军开进了姚关。姚关当时只有一个土通判带领的三百土司兵，根本抵挡不住缅军的进攻，缅军轻易地拿下了姚关。

其实到这个时候，云南的明军依然没有大的动作。土司之间的火拼经常发生，云南当局虽然已经有了警觉，但并没有开始大规模调兵。岳凤这边也在亲家刀放福的带领下，顺利把部队开到了平戛，也就是今天云南省龙陵县平达乡。戛在傣语里是"街"的意思，平戛就是在大平坝上的街道。这里是一块地势平坦的区域，有利于缅军休整。就这样，两路缅军已经取得先期优势，蓄势待发，准备下一步的进攻计划了（至于进攻景东的第三路缅军，诸多资料都没有记载后续，有可能是撤退了，也有可能是赶来和打顺宁的那路缅军汇合，更可能是没有进军到目的地）。

大明万历十一年（1583）正月初一，本来是举国欢庆的日子，本应是喜迎一切新的事物、大家脸上挂满笑容的一天，但谁也没想到，这一天会成为云南边地居民的噩梦。虽然傣族聚集区有自己的傣历新年，但毕竟是大明的领土，春节对于傣人来说也是耳熟能详的。他们没有想到，就在这一天，缅军来了。

缅军大部分渡过潞江后，开进了施甸土司城内。这些戴着武笠帽、身上穿着好似火焰形状战衣的缅军将领，指挥着裸露上身，或背着双刀、或拿着长矛、或背着火枪的缅族士兵，以及大量的各族土司兵把施甸土司城围得密不透风，然后开始放火、屠城。新年第一天，惨叫声在这座城里此起彼伏……随后，一名孕妇被士兵拖了出来。

缅人和整个缅北的傣人一直都有占卜的传统，所以这件事情是谁做的，后世说法不一。大部分人认为是缅人做的，因为他们一贯有屠城的习惯和虐杀战俘的传统；也有人说是缅北傣族土司或者景颇族士兵做的，因为他们当时还没有信仰佛教，十分残忍好杀。总之，不管当天施行这种酷刑的是谁，把这笔账算到战争的发起方——缅军头上是没错的。

虽然南甸宣抚司那边已经有了内应，但缅军对于接下来的军事行动并无头绪，具体是联合南甸拿下永昌府？还是继续东进打下顺宁，和进攻景东的那支缅军汇合？缅军举棋不定，于是他们把那位孕妇拖了出来，由几个刽子手摁住，在撕心裂肺的惨叫声中活生生地剖开了她的肚子——缅军用这种古老血腥的占卜法来决定军队的去向。如果剖出来的是男孩，那就打永昌；如果是女孩，那就打顺宁。结果是女孩，他们随即决定进攻顺宁。

缅甸在东吁王朝崛起后，才真正意义上对其势力范围内的傣掸族群实行了有效管制。东吁原本的意思是"山嘴"，只是山间的一个小村庄。从蒲甘王朝灭亡开始，不断有缅族人南下来到这个地方，从而壮大了其地的实力，最终建立起了新的王朝。东吁王朝的统治区域分为三部分：其一是以首都为中心的核心区域。其二为南部干燥地区，即以锡唐河流域和伊洛瓦底三角洲为核心的经济发达区域。其三是少数民族聚集的山区，也就是整个缅北地区和阿拉干（今缅甸西南沿海一带）。

缅王对山区一直是一种"半自治"的管辖，给予当地最大土司"索巴"（傣语"昭法"的音译，意为"王"）的封号，每一个"索巴"继位的时候需要缅王认可，同时还给予他们和缅王一样的出行规格，可以使用白伞和金伞仪仗。莽应龙家族崛起后，开始给这些地区派遣官员以及少量驻军。按照惯例，这些傣族、景颇等头人和土司们必须通过进贡和提供兵员的方式向缅王表达臣服，有的则直接与缅王联姻。缅甸的史书中常常称缅北的这些傣人族群为"野蛮人"或"异教徒"。

缅人认为自己的佛教是最纯正的，甚至连以佛教闻名的邻国暹罗的大城王朝，缅人都认为他们的佛法不纯，混杂了大量的魔法和巫术。因此，在攻灭暹罗首都的时候，缅军一样烧杀劫掠，无恶不作。

云南的傣族土司中，滇东的版纳地区很早就信仰了佛教，这些都是有史料可以佐证的；那滇西边疆地区的傣族呢？至少在 14 世纪初期，佛教还仅仅是在贵族里零星流传，当时民间依然充斥着"巫鬼""娱尸""拜偶像"等习俗。嘉靖十九年（1540），攻陷了阿瓦王朝的孟养思洪发曾经在缅甸进行灭佛运动，后来到了思个时期，占卜依然很流行。据说思个当时被莽应龙攻打时，还进行过占卜。他刻了两个木人，一个写上"天皇帝"，即明朝皇帝，另一个写了莽应龙的名字，结果占卜结果是天皇帝站立，所以他才决意投向明朝，抗击缅军。这前后也才过了不到四十年，所以在东吁王朝拿下这里之前，佛教并不是最主要的信仰，巫鬼、寨神、孟神这些本土信仰依然根深蒂固。

可以说，是缅王的北扩让滇西地区和境外土司开始信仰南传佛教，不过这段时间并不长，至多从1556年开始。有记载莽应龙拿下孟密后，让当地废除了以人和象殉葬的习俗，并且建立了十座寺院，请来僧侣，让当地官员和百姓每月听经四天，从此才让佛教在当地流传开来。所以以孕妇腹中胎儿进行的残酷占卜到底是傣掸族群所为，还是缅族所为，抑或是傣族雇佣的景颇族士兵所为，已没法考证。但缅军信佛并不代表他们不会做这些残忍之事，缅军攻灭暹罗的时候，一样暴行累累，后世被抢劫的佛像可以作证。也有说法认为缅军的残酷占卜是一种心理战，毕竟在当时来说，明朝在腾冲、永昌一线的防御力量要比顺宁多，而且明军还有火器，而顺宁却只有少量的土司兵驻守，所以从战略上讲，进攻顺宁也是更容易的一个路线。

缅军屠城施甸后，遵循残酷占卜的结果发兵顺宁土府，他们抵达的时间正好是正月十五。顺宁之前就与缅甸有仇，这次真的应了那句老话——躲得过初一，躲不过十五。但顺宁知府猛效忠以及头目莽惠并不惧怕缅军，他们动员了全城男丁，利用熟悉地形环境的优势给缅军来了一次阻击战。云南西部密林山地地形和缅北类似，此处作战也是以破袭战为主，所以若单论土司兵之间的战力，顺宁士兵是占优势的，因为他们不仅熟悉当地环境，还有极强的保卫家园的战斗意志。

他们利用熟悉地形的优势和顽强拼死的意志，在快速的穿插移动作战中斩首350余人，阻住了缅军的攻势，但决定战争成败的还有另一个变数——缅军的火器。在莽瑞体时代，缅甸就有了一支300余人的葡萄牙火枪队，而且这些葡萄牙人能带来源源不断的火器，所以在军事作战上，缅军能对缅北、泰北各地形成降维打击。而莽应龙发明的战象炮塔战术，更是那个时代的"坦克"，普通步兵根本没有克制的手段，只能以大量的人命或者战象对冲来遏制。

小小的顺宁府自然没有太多的火器装备。缅军先锋受挫后，后续人马越来越多，炮火也越来越密，顺宁防线很快被炮火击溃，土司兵们壮烈牺牲。顺宁陷落，与顺宁有仇的湾甸土知州景宗真带兵开始屠城。湾甸州毗邻顺宁，景宗真一直与顺宁不和，他让顺宁在正月十五这一天陷入了绝望之中。

一直到很多年后，在时任顺宁知府余懋学的手里，当时已经改土归流的顺宁府才重新焕发了生机。顺宁府失陷的消息一路传到了永昌府，传到了腾冲，传到了蒙化府，也传到了昆明，整个滇中震动，这时大明王朝才明白，缅甸真的开战了！

当时腾冲城的守兵只有罗汝芳留下来的一千人，基本没有出城迎战的可能，所以闭门戒严，准备死守等待援军；永昌城更是只有几百卫所兵，只能维持最基本的秩序，全城百姓陷入恐慌之中。官府下令用石头把各个城门封死，只留下一个出口用作撤离和报信。蒙化府全府戒严，腾永地区进入最高戒备状态。

此时的缅军，东面一路正进攻景东，一路已攻陷顺宁，离大理只隔着一个蒙化府，西面则已经控制了永昌府最南端的部分，西南还有南甸宣抚司策应。虽然大明已经警觉并且开始做准备，但云南的形势依然不容乐观。南甸宣抚司刀落参也已经和岳凤联系上了，准备做内应拿下腾冲城。在这紧急关头，云南按察司副使、浙江人胡心得的出现，一举扭转了初期的战局。

胡心得，嘉靖十六年（1537）生人，浙江湖州德清县人，嘉靖四十四年乙丑科进士。考中进士的那一年，他才二十八岁，妥妥的少年英才。胡心得出仕广川的时候就平乱有功，后来调任云南，接任了罗汝芳的金腾兵备副使一职，一直兢兢业业地在云南干了几年。本来他已经接到了前往广东的调令，即将前往富庶的东粤地区任职，但恰巧这时候莽应里起兵攻打大明，南甸土司刀落参、头目刀落奏等人暗通缅军。知道消息的他毅然决定留下，保卫他守护了多年的云南百姓，用他自己的话说："吾宁负东粤玺书，不负金腾父老。"

之前胡心得和缅甸打过交道。万历八年（1580）缅王莽应龙居然传檄召见腾越州卫职官，让他们前去东吁王都汉达瓦底。作为金腾兵备副使的胡心得趁机让密探随使团前去，打探到了缅军的一些情报。

缅军攻下顺宁的时候，胡心得已经坐镇腾冲城三个多月了，他率领仅有的一千兵马守护着这座西南极边第一城。胡心得并不害怕，相反，他表现得很冷静，他知道缅军人数众多，也知道隔壁的南甸土司已经投降，自己目前的形势非常危险。于是他将计就计，准备让缅军的内应前来主动见他。

他的计策具体如何，史书里没有记载，但从过往经历也不难猜出个大概。莽应里入侵之前，边地土司从成化年间一直到现在，小打小闹就一直没停过，大动干戈也不是没有，明朝一直都是采取绥靖政策，以抚谕为主，很少对他们兵戎相见。这一次岳凤等人能长驱直入，打的也是土司内讧的牌。虽然云南当局已经警觉，但胡心得依然装作和以前一样，以抚谕为主的态度来处理这些问题，也就是大家可以谈嘛。而且缅军攻下的地方基本都是土司的地盘，所以胡心得摆出一个大事化了的样子还是可信的。

缅军这边呢？岳凤肯定是不会去的，但南甸土司刀落参、姚关的莽光国、施甸的莽国忠，原本就是明朝境内的土官，这次最先投缅，他们认为可以装作是被莽应里胁迫的，反正以前也不是没有土司这么干过，所以自然可以作为旧属去和胡心得会面。至于是不是胡心得的缓兵之计，他们想来也不担心，因为缅军在这里有几万人，胡心得区区一千人，又能掀起多大风浪？他肯定是想讲和，不敢动手的。

没想到的是，他们一见到胡心得就被擒下了，迅速被斩首正法！另一边，同样是刚投降缅甸不久的芒市土司刀放福、放国忠、放正堂父子三人也被佥事杨际熙擒获。估计岳凤也是希望他们不要暴露，继续做内应，尽量骗取明朝信任，拖延时间，等他们拿下更多土司后再进攻明朝。刀放福确实也在芒市被拿下之后，装模作样地派人给当时的"沐王府"征南将军、黔国公沐昌祚禀报，"吾等都是刚被缅军击溃，颠沛流离，缅军新造的百子铳，锐不可当，而且他们现在且耕且守，是做好了打持久战的准备，将军要做好对策啊"，以示自己还在效忠大明，所以刀放福这些人并没有跟缅军一起行动。这次被杨际熙逮着了，父子三人直接被押送去了昆明处斩。这样，熟悉滇西的缅军内应全部被杀，缅军没有了耳目，进攻起来就没有之前那么得心应手，大明的反击也要正式开始了。

万历十一年二月二十四日，岳凤的儿子曩乌率领缅兵和土司兵一共六万人，势如破竹地攻破了猛淋寨（今云南龙陵县镇安镇），往腾冲城方向进发。云南巡抚刘世曾把附近能调动的汉军和土司兵都调动起来，同时招抚还没投缅的各路小土司，协助明军防御。永昌府和腾冲城各增添了两千人马，同时还在此地区增设了元顺蒙参将一人，领兵两千，腾永地区的兵力达到了七八千人。补充了人马的胡心得，心里踏实了。腾冲的明军是有火器的，当地的土司兵是熟悉地形的，自己手里的兵扩充到了三千多人，还是可以一战的。

于是，在胡心得的指挥下，明军开始了反击。之前投降缅军的南甸土司刀落参在刀放福等人被正法后就知道明军要动手了。南甸一战，作为大明的宣抚司、三宣重地，居然也投缅了，于是明军教训起来也没客气，北胜土同知高承祖带领土司兵，生擒了南甸土司刀落参以及其弟刀落奏，同时斩杀七十四人，狠狠地惩罚了南甸土司的背叛行径。

之后明军乘胜前进，收复了罗卜思庄（一作萝葡庄）。接下来是章拜箐之战，指挥李芳等人生擒缅军将官十一人，全部斩首；姚安土同知高金宸抓获缅军将官两人。

接着是盏达之战，在明军的火器配合下，明军土司兵首领刀思本亲自斩首一人，刀思钦带队斩杀敌军三百七十余人，斩首敌军头目一人。刀思胆斩首三级，刀思景斩首三级，刀思科斩首二级，盏达缅军溃退。

明军连续四战四捷，成功让腾冲的侧翼屏障回到了自己手里。

第三章

行商，宝石，勘合，开府

"带路党"岳凤

前两章主要介绍了明缅战争初期，缅军是如何一步步进犯大明的，但对于云南边地土司为何大部分投缅以及为何会有汉人参与其中，并没有多做解释。这一章主要就讲这个问题，因为如果这个问题没有叙述清楚，那么读者对于整个明代乃至后世中缅边界变化的问题都会缺乏一个清晰的认识，所以这章笔者会重点阐述边地土司投缅的原因，土司情况以及汉奸岳凤的故事。

我们今天看明缅战争，似乎能感觉到西南边疆并不很为明朝所重视，至少不如东北、西北和东南沿海那样被重视，朝廷基本态度是能不花钱就不花钱，这种视西南边疆如鸡肋的感觉其实我们换个角度看就能理解了。整个云南地区是从明朝开始才真正意义上被纳入中原王朝统治范围，进行实际的内地化管理（之前秦汉时期虽然也有置郡县，但更多的还是羁縻统治，统治力度远不能和明清时期比），昆明这些大城市才和明朝其他城市一样，真正开始汉化、兴儒学。

所以在明朝时期，云南相当于一个王朝新拿下的领土，边境不断有骚乱是常态，而且朝廷也认为这种情况是正常的，不需要过多关注，不过如果有大的政权诞生，比如麓川王国这种的，就一定要消灭掉，然后在边境采取羁縻统治。只要云南的核心昆明、大理不乱，就可以不用费心。这种心态贯穿整个明朝乃至后世的清朝，大部分时间，云南的诸多势力能相安无事，然而一旦出事，那就是西南震动，整个西南都要被牵连着一起承受后果。

那么明缅战争时期的"带路党"岳凤是何人呢？岳凤祖籍是江西抚州（一说江苏苏州），家中祖辈到陇川做生意，于是后来就世代居于陇川了（一说岳凤年轻时来到陇川地区）。不过你说他祖上一个江西人，怎么就跑到云南边境地区做生意了呢？其实除了明初那段时间外，整个明朝时期人口的内部流动就从未停止，一方面是官府的屯兵，军户等军事移民，另一方面就是新控制的区域也需要迁民实边，当时云南就是这样一个需要大量汉人来填充人口的地区。在明初，云南设立了很多巡检司以防止人员流动到百夷地区，同时明朝也设置了景东、金齿、腾冲等一系列防线，防止百夷地区的势力侵犯内地。三征麓川时期，明英宗再次下令严禁军民偷渡出关，因为曾经有逃兵把边防信息带入土司地区，更有甚者把火器带了出去，让土司们也开始小范围掌握了火

器技术；还有结交当地土官，或贪恋女色留在那里的。这些
人不断给土司地区透露大明的情报，给边防工作造成了很大
压力。后来成化年间也有官员提出过类似禁令，但都不能有
效执行。

云南看起来封闭，但自古以来一直就是商旅不绝的交通
要冲。周边各国及部族像大古剌、底马撒（印度东北部）、
缅甸、兰纳（清迈）、澜沧（老挝）等等，其商旅使团都得
从云南入境。明朝时期因为朝贡贸易的原因，滇缅之间主要
有两条贡道可走，即贡道上路和贡道下路。上路由永昌、腾
冲往西南走，过南甸（今云南梁河县）、干崖、陇川三宣抚
司地区（也就是俗称的三宣）到缅甸境内，然后可以一直通
往缅甸摆古（勃固）；下路则是从景东府出发，走镇沅府、
车里宣慰司，然后到兰纳国境内，最后可以到老挝宣慰司，
也可以继续往西南走到缅甸摆古。当时明朝在昆明还设有
"缅字馆"，用来培养缅语翻译，同时接待从缅甸来的朝贡
使团和商人，后来又设立市舶提举司，接待这些使团。

缅甸和云南交往最为频繁的是贡道上路区域，也就是
滇西地区，这里是伊洛瓦底江上游区域，也是缅北和缅中
富庶地区。说富庶不是说百姓都生活得好，而是这里盛产
宝石、棉花，都是大明需要的物资，土司们有钱赚。而这

些地方需要的茶叶、丝绸、铜铁器、陶瓷，尤其是食盐则需要从云南输入。这些商机吸引了大量的内地移民前来屯种、开矿和经商。

一来二去，商路沿线的城市和聚集区就得到了发展，比如蛮莫安抚司（今缅甸曼昌）这样处于水陆交通要道的地方，逐渐繁荣了起来。弘治十二年（1499），云南巡按谢朝宣上奏朝廷："臣闻蛮莫等处，乃水路会通之地，夷方器用咸自此出，货利之盛，非他方比……江西、云南、大理逋逃之民多赴之。"又以孟密宣抚司为例，因为这里盛产宝石，有宝井（今缅甸抹古），所以珠宝商和开矿的特别多，但当地的傣族土司又没有大规模开矿的能力，所以很多矿石业务是汉人经营，但土司掌管，这种现象一直持续到清末。有了宝石资源，各路商贾就云集此地，当地的物价也因此能稳定，孟密就这样日渐繁荣，后成为大明失去缅北诸土司的一个重要原因，这里留待后叙。

类似这样的缅北商业重镇还有著名的江头城。历史上，此城同太公城、马来城、安正国城和蒲甘缅王城并称为"缅中五城"，位置在蛮莫土司区域内（具体当在今缅甸八莫地区）。这里已经成为了有多达十二个门的大城镇，商旅按照东西南北门方向规定出入，东边来的走东门，如果从南门入就要被罚，回去不走故道也一样，夹道之间还有走廊。江头城外还有一条大明街，数万来自福建、广东、江西、四川的商旅聚集在此。江头城周围的土司地区，也有数万在各土司城做生意的商人聚集。沿着伊洛瓦底江顺流而下，沿途每个城市商业都与江头城类似，《西南夷风土记》中载："每日中为市，市之周围亦有走廊三千余间，以避天雨。"这里虽然有些夸张，但缅甸沿江各城商业繁荣，缅北汉人商贾云集是事实，这里并不是大家想象的"烟瘴蛮荒之地"。如果此地毫无价值，缅王是不会一次又一次征讨这些地区的，大明也不会一直要求他们进贡宝石。甚至到了后世的清朝，还在缅甸发展出了"三成号"这样的大商号，在缅甸和云南都有分柜。汉人的马帮一共开辟了六条不同的线路直通缅甸当时的首都阿瓦（曼德勒），开展棉花和宝石贸易成为了主营业务。

这些地区的商人，既有云南、缅甸来回流动的行商，也有定居的坐贾，其中有汉人，也有傣族、景颇、佤族等缅北各族人士。在自发来云南的汉人里，江西人是最多的。

江西，别称江右，在明朝出了很多名人，文武都有，严嵩、解缙、汤显祖、邓子龙、刘綎等等。但江西的地理环境其实不算好，耕地有限，山多地少，人多田少。不过好在江西手工业发达，盛产瓷器，造纸、制糖、油料、烧酒等等也都别具特色，加上所处位置优越、交通便利，所以江西自古就有经商的风气。

在明朝刚开始充实云贵人口的时期，江西就有很多人过去了，而当发觉云南边地有大量商机的时候，江西商人便大量涌入，纷纷前去经商定居。明朝成化时期，在云南姚安府就有不下三五万的江西安福和浙江龙游商人，二三十年不回原籍的大有人在，定居的也不在少数，这其中又以江西抚州人最多，基本占据了江西商人的大部分。

万历十九年（1591），任职云南澜沧兵备副使的大旅行家王士性就曾记载"故作客莫如江右，而江右又莫如抚州。余备兵澜沧，视云南全省，抚人居什之五六"（《广志绎·江南诸省·江西》）。王大人基本游遍了云南全省，得出江西抚州人占云南江西人一半以上的结论。他还说这些人在当地从事各种职业，堪舆、星相、医生、工匠等等，可以说是有啥干啥，非常能干，也特别能吃苦。有个叫正演的江西商人，就曾从滇西去到缅甸境内游走做生意，足迹长达七千里，几乎绕了整个滇西和大半个缅甸，用了三年时间才返回。

岳凤的祖上，就是这类到滇西做生意的江西抚州人，他们吃苦耐劳、不惧炎热、不畏疾病，顽强地生存了下来，久而久之就成为当地社会事务的中坚力量，有的更是成为了当地的头目。所以之前缅甸北扩，云南就有官员提出要禁止汉人商人流通，又怕他们作为缅军内应。

岳凤在陇川就是这样一个头目，史料上记载岳凤"多才，有智数"。岳家在陇川地区经商数代，关系人脉以及资源都很多，所以能结交上陇川地区的贵族自然也不是什么稀奇事情。当时的陇川宣抚使多士宁就看中了岳凤的才华，聘请岳凤为自己的"记室"，相当于秘书的职位，岳凤由此成为了土司身边的红人。其实老宣抚使多诠在位的时候，岳凤就已经是陇川目把了，算得上一个小头目，他当时帮助多诠的儿子多鲸争夺宣抚使的位子，受到多鲸器重。到了多鲸儿子多士宁继位后，岳凤便更加重要了。

岳凤深受多士宁器重。因为作为大明的宣抚使，身边有汉人帮你出谋划策是最好不过的事情，无论是解读政策，还是与内地沟通，都十分方便。但方便是方便，一旦用错人，后果就不堪设想。不幸的是，多士宁就用错人了。岳凤很善于察言观色，深得多士宁信任，多士宁还把自己女儿许配给岳凤，让他成为宣抚司的女婿（一说妹夫，但女婿可信度更高）。但岳凤根本不满足现状，岳家已经蛰伏陇川地区太久了，太清楚周边的政治环境，岳凤认为自己完全可以取而代之。

多士宁还在任的时候，岳凤就以记室和女婿的身份结交三宣六慰的各类官员，并且还兼任了陇川宣抚司下属地区遮莫的土司。他暗中与当时和陇川有矛盾的木邦宣慰司土司罕拔结成同盟，意图夺取陇川宣抚司。早在嘉靖年间的时候，罕拔和多士宁就已结怨，这些土司之间互相争斗是常有的事情。多士宁的妻子罕氏虽然也是木邦人，但这不影响她站在自己丈夫这一边。"罕"为滇西傣族的一个大姓，意思是"金子"，缅北和滇西姓罕的傣族土司很多，所以也不要因为他们是同一个姓氏就认为是一家人。

缅甸东吁王朝崛起后，莽应龙开始北扩，首先就是要把缅北掸邦重新纳入势力范围。后木邦因为明朝官吏盘剥而不能顺利承袭宣慰司一职，愤而投缅后，缅北很多土司开始蠢蠢欲动，而莽应龙也趁机招揽各部，不少土司亲自前往东吁王朝首都汉达瓦底拜会莽应龙。多士宁继任后，他的侄子不服，投奔了莽应龙，多士宁担心侄子带缅兵打过来，所以干脆也前往缅甸，拜会一下莽应龙。

大明如果不重视土司的问题，土司就去找缅甸，反正去缅都的路程和时间都要比进京少很多，而想要进京办事，不但贡期要排队，更可能被卡在昆明，迟迟不得动身。而且，你在云南能见到巡抚已经不错了，最多就是见到沐王府的人，他们的决定权有限，而在缅甸则能直接见到缅王本人。虽然明朝与缅甸双方实力不对等，但县官不如现管，大明并不是说出兵就能出兵，缅王可是说打你就马上打你，孰优孰劣一看便知。

但多士宁不傻，他知道大明才是真正惹不起的那个角色，而且内心也一直效忠大明。见到莽应龙后，他向莽应龙要来一堆大米，然后又摆出上百堆，说这就是大明的疆域，云南只是其中一堆，自己的属地陇川则根本排不上号。莽应龙听完后沉默不语，他本身也是一代雄主，知道双方实力差距，所以他暂时打消了入侵云南的念头，并且派人送多士宁回去。

多士宁回陇川后，给明朝驻蛮哈的守备方谧禀报过缅甸的情况和内犯计划，对方虽然知道事态严重，却也没有多做回应。到了万历初年，多士宁去世，蛮哈守备方谧本来移驻陇川协助防御缅甸，最后却也因病告老还乡。陇川熟知缅甸内情的两个人都相继离开，给了岳凤可乘之机。

岳凤派人送重金给莽应龙，表示自己想认莽应龙为义父，并且可以做内应，让莽应龙把势力扩展到陇川地区，染指三宣。莽应龙答应了他的请求，随即派军前往陇川。岳凤召集数千人马，驻屯在麓川江东岸，表面宣称是为了防御缅军进攻，实则偷偷准备了牛和酒，准备犒赏先抵达的缅军。这时陇川的权力主要在多士宁妻子罕氏手上，但罕氏母子孤儿寡母根本无力抵抗缅军入侵，于是罕氏只能带上两个年幼的儿子和侄子罕朝光往永昌逃去。

罕氏祈求明朝发兵援助陇川，说哪怕派汉人去管理，她们母子死在永昌都行，但云南当局只是要求罕氏带着陇川宣抚使的大印和两个儿子回陇川，并不愿意发兵。罕氏失望地返回陇川，岳凤见此情形，赶紧派人通知木邦罕拔，说罕氏去永昌是要以自己木邦女的身份和罕拔争夺木邦宣慰使的职位，而自己愿意帮罕拔除掉这个祸害。

罕拔知道后大喜，马上派兵五千夜袭陇川，在岳凤的帮助下，杀死了罕氏和罕朝光。罕氏当时带着两个女儿逃到一片农田，被贼兵砍断右臂而死，罕氏的两个儿子却得以幸存，因为岳凤还需要挟他们以控制当地势力。同时，岳凤还抓了多士宁母亲胡氏以及其宗族六百余人，扭送至莽应龙处处决，并屠杀多士宁旧部多人，以残酷手段彻底掌握了陇川权力。

两年后，岳凤伪造金叶缅文书和锦囊象函，派人伪装缅甸使臣给明朝当局奏报说缅王派人与大明修好，地方无事，但言辞傲慢。同时，木邦的罕拔在莽应里大军的协助下，又派兵攻打干崖宣抚司，逼迫干崖屈服缅甸。至此，三宣地区里有两个都投靠了缅甸，岳凤这个带路党彻底成了气候，这才有了他后面在戛撒之围救莽应龙逃走以及引莽应里人军犯境的事迹。

百夷土司制度与勘合贸易

岳凤的故事说完，我们还得梳理一下滇西乃至整个百夷地区的政治环境，这样才能理解为什么土司们如此在意明朝的册封以及朝贡机会，却又因为袭职不顺而频频造反。

明朝时期，云南百夷地区的土司制度是在元朝土司制度基础上做出了调整的，可以这么理解，整个傣族乃至百夷地区在明朝时期才算步入了封建领主制社会。明朝初年，整个云南边境地区的社会发展都相对落后，连从事生产的农业工具都不齐全，大家基本还是靠牛、羊、鱼、水果这些偏向自然经济的产物为生，也没有什么多余的产出。但当时百夷境内有大量的奇珍异宝引人注目，比如琥珀、犀牛、大象、鹦鹉、孔雀、麟蛇、金、银、玻璃等等，可以说，此处自古就是中原王朝寻宝的目的地。

当时百夷官府的税收制度也很落后，每年秋季，百夷各地的封建领主会派出自己的征税官员前往各甸（数十到上千不等的户数为一甸），按照房屋数量征税，也叫"差发银"。每个甸都有一个贸易场所，也就是俗称的"街子"，当地市面上流通的主要货币是银，也有少量的铜，更多的还是以物易物。他们的生活器物基本是陶器，因为当时佛教还没有广泛传播，大部分地区还是原始的宗教信仰，人都比较野蛮好斗。

不过到了明朝中后期，经过两百余年的发展，百夷地区的环境发生了很大变化。农业上，当地已经掌握了稻作农业，因为云南气候良好，很多地方一年两熟，冬、夏耕种，春、秋收获，作物产量大大提高。除了开始用牛耕地外，犁、耙等农具也获得广泛使用。农业大发展的同时，商业也活泛起来了，尤其是与矿产有关的产业，金银、碧玉、翡翠、绿宝石、蓝宝石等等开始大量产出，由此崛起了很多商业重镇，其中就包括我们后面要说的孟密地区。

此外，原本云南百夷地区的很多民族是只有名字没有姓氏的，但到了明朝中后期，已经发展出了刀姓和罕姓。刀姓在傣文里原本是"砥柱""托举"的意思，也代指族群头人，所以往往都会在族长一类的名字或者村子前加一个刀字，久而久之就变成了一个姓氏。而罕姓则是"金子"的意思，此外还有和刀汉语音译类似的陶姓等。总之，包括滇西地区在内，百夷地区的汉化程度开始加深，连饮食方面也学会了蒸、煮、炙、爆炒等方法，婚丧嫁娶等也开始往汉人的风俗靠拢，尤其后来的三宣地区，已经基本和汉族一样了。元江府和丽江的木氏土司甚至还开展了儒学教育，有明一代，明廷在云南地区共设立了33所书院。

到了万历时期，佛教在整个傣族地区已经盛行，史料记载"寺塔遍村落，且极壮丽"（朱孟震《西南夷风土记》）。至万历时期，明朝在整个百夷地区建立过的土司先后有：麓川平缅宣慰使司（后废止）、车里军民宣慰使司、景东土府、八百军民宣慰使司（清迈）、缅甸军民宣慰使司（东吁王朝崛起后基本虚设）、孟养军民宣慰使司（后废止）、木邦军民宣慰使司（后废止）、孟定土府、孟艮御夷府（缅甸景栋，后废止）、镇沅土府、元江军民府、湾甸州、镇康州、大侯州、干崖宣抚司、南甸宣抚司、陇川宣抚司、潞江安抚司、者乐甸长官司、孟连长官司、芒市长官司、促瓦和散金二长官司、孟密安抚司（后废止）、蛮莫安抚司（后废止），先后一共开设了 24 个土司府衙。

其中宣慰司、宣抚司、安抚司、长官司、御夷长官司，都属于武职土司，归兵部管理；土府、土州、土县等属于文职土司，归吏部管理；在省里面的土司则归布政司管理。明朝按照不同的品级给土司配备了不同的冠带和印章，最高的通常是宣慰使，从三品，但也有比这个高的，最低的为八九品，甚至还有不入流的。明朝曾经在这些地区设置流官管理，希望将权力直接收归中央朝廷。例如明太祖和成祖时期，在八百、老挝这些地方设置有经历、都事各一员，土司正印交给流官管理，让当地土官辅佐流官，而长官司一级的中层土司则直接由流官任主官，土官任副官，明廷此番目的就是希望能逐渐改土归流，完全控制这些地区。

不过愿景虽好，执行起来却困难重重。首先，流官得熟悉当地语言环境，能待得住，而且最好还是汉人。可明初连四夷馆这样的官方翻译教学机构学员都招不满，大家对夷语的态度可见一斑。明成祖朱棣不得不强制派国子监的学子入学，甚至惩罚不愿意学"夷语"的学子，并常常派锦衣卫去把门，盯着四夷馆的学生好好学外语。可即使这样，这些传统的儒家学子们依然觉得"夷语"是旁门左道，不愿意学。比如永乐十年（1412），朝廷再次挑选监生梁弘等120人进入四夷馆学习，梁弘居然拒绝前往。明成祖大怒，将梁弘发配交趾（越南北部）。你不是讨厌学夷语吗？好，这次直接送你去那边实地学习！永乐十九年（1421）朱棣曾经对大臣说道："诸番字，中国宜解其义。"意思就是中国应该多了解周边各国语言，以利沟通。

连朱棣这样的皇帝亲自监督，士子们学外语都这么费劲，更别说要去到边远的云南边境管理土司了，而且就算他们肯去，土司也未必会真地服从他们。但要是派当地族人管理，那还是等于土司自己管自己，两条路都行不通，所以这套流官系统到明朝中期就玩不下去了。云南自古就有很多土著大姓家族，被称为南中大姓（比如三国时期的孟获家族），不少大姓都成了世袭的土官，外来者很难融入当地内部。明朝中期开始，百夷地区连长官司的主官都完全由当地土官担任了，但土司制度也成熟了，每个土司都有一套明确的内部官职体系，朝廷也能顺利征召土司兵马乃至征收赋税，所以也就听之任之了。

成为大明的土司有什么好处呢？那就是能够获得朝贡资格，这是许多土司乃至周边各国挤破头都要争取的，百夷地区也不例外。明朝顺便借此机会把百夷土司纳入了自己的朝贡系统中，并且用一套独特制度来管理他们，这就是著名的金字红牌体系，即信符、金牌、勘合、底簿制度。

简单来说，就是每个土司都会有相应的信符、金牌、勘合、底簿，比如车里宣慰司就是"车"字号，缅甸是"缅"字号，暹罗是"暹"字号；铜制信符一共五面，内阴文者一面，写有"文行忠信"四字，和其余四面阳文信符能合编，比如文字 1 号到 100 号勘合、底簿、批文等。只要拿着信符和所需要呈报事项的勘合、底簿、批文到内府能对上，事情就能顺利报上去，对得上号，就算勘合成功。而朝廷如果派人来办事，也要拿一面阳文信符和一道批文，到云南布政司与底簿对照，云南当局再派人送朝廷使臣到百夷地区。到达百夷地区后，土司再拿出阴文信符和勘合与之对比，对上后，就证明来使是真的，然后遵循使臣传达的朝廷指令。朝廷每次发信符也以文、行、忠、信的顺序发送，依次循环，以便查阅。

再举一个例子方便大家理解，虽然与百夷各地区的管理有所差异，但朝贡的程序顺序是一样的。我们以第一个获得明朝勘合的国家暹罗国进贡为例，看看大致的朝贡过程。

洪武十六年（1383），明朝遣使暹罗，给暹罗送去了勘合文册，具体如下：先制作了两百道号簿，共四扇。也就是说有两百份册纸，四个可以拼接在一起的字号扇，分别为两个暹字号和两个罗字号，拼接在一起就是"暹罗"二字，这四个字号中，暹字和罗字各有一个存于京城的内府，剩下的一个罗字号由广东布政使司保管，而另一个暹字号则直接交给暹罗国保管。两百道号簿上也分别有"暹罗"二字，只不过是册纸的形式，背面用来填写进贡人员名单和进贡货物，暹字号一百册存放于京师内府，罗字号一百册则交给暹罗国保管。

这样一对比，大家就能明白勘合的作用，北京（永乐之前是南京）有暹罗国暹字号扇和罗字号扇各一个，用来拼接印证勘合真假，就是说哪怕你自己制作了一个暹字号的假勘合，北京这边也有原件可查。同时还有暹字号勘合一百道，就是一百册对应进贡人员名单和货物的登记册，广东布政使司只有罗字号扇一个，负责与暹罗方面做第一道验证，勘合通过方可放行使团前往京城，如果遇到明朝改元年号，则再制作新的。

而暹罗方面，通常是暹罗国王选派好当年进贡的使臣后，先让他们在罗字号勘合册纸上写好贡使人员名单以及进贡货物清单，再由正使带着暹字号扇出发。送给中国皇帝的物品称为"正贡"，这些是要妥善保管并且一一列出的，而其他的物品则是贡使团可以携带前往中国售卖的。当贡船停靠在广州后，广东布政司和市舶司首先会有官员迎接，然后拿出罗字号勘合，与暹罗使臣的暹字号勘合对应拼接，确认"暹罗"两字能严丝合缝合在一起后，再清点货物，这时候人员才可以下船。

这样一说，大家就明白勘合这套制度的作用了，但在百夷地区，堪合的作用还远不止此。永乐时期，朱棣专门给各土司一份红牌镂金字敕书，让土司们悬挂于各自的土司衙门上。敕书上面规定：

1. 凡是调动土司兵马或者调派人员的，必须有信符，土司才能从命。

2. 如果有越级行为或信符字号对不上的，或者只有信符无批文、只有批文无信符的，土司都可以将其当冒充使者的人抓起来，扭送京城，且一旦发现必须擒拿此人。

3. 编制100道勘合和1扇勘合底簿供土司朝贡或承报事项专用（类似暹罗国朝贡例子）。

4. 边境有事或者土官诉讼一类的，与云南三司（都司、布政司、按察司）商议解决后，也要写勘合汇报。

5．如果总兵官和镇守官员有类似关于土司和边情的事情，同样要和三司官员商议，然后写勘合汇报。

6．如果朝廷让总兵官挂征南将军印出征，并且要调动土司的兵马，则不需要经过三司官员发命令，用总兵官印信就叫以发命令，但也要填写勘合汇报。

7．如果勘合写错，或者字画写错，必须用圆圈注明，再加盖本司印章。

8．如果三司和土司的底簿与勘合即将用完，向朝廷汇报，朝廷会再发给新的。遇到朝廷改元，也会重新铸造印章、信符、批文、底簿、勘合。旧的底簿勘合必须随土司下一次朝贡时候上缴朝廷，存于礼部。

9．总兵官以及三司官员新到任以及节庆之时，不允许土司送礼物，朝廷有禁令，如果有人索取财物，土司不需要填写勘合，也不需要经过云南地方官员，可以直接派人向朝廷递奏折报告，朝廷必将严惩。

10．土司如果受到贪官欺凌，不需要填写勘合，凭借敕书经过总兵官和三司官员批准，就可以进京告状，朝廷也将严惩。

从上可以看出，勘合对于土司乃至云南地方官员都有限制和管理，作用巨大，是一套行之有效的管理体系。但再好的体系也得有人执行到位，明朝中后期，这个系统逐渐崩溃，原因留待后面详述。那么土司获得勘合后，在朝贡方面有什么讲究或者好处吗？

答案是肯定的。首先，贡期和贡道是固定的，规定从陆上走的绝对不能走水路，规定从云南走的，一定不能绕道广西；走水路的也一样，规定在哪里停靠的就在哪里停靠，驿站、人数这些都有固定的指标。但对于朝贡多少东西则没有要求。

虽然朝贡的期限是固定的，比如八百是五年一贡，车里、湾甸这些地方是三年一贡，老挝是一年一贡，孟养等地则没有定期，随时可来。可大部分土司经常不按时间朝贡，朝贡规定往往很难严格执行下去。因为每到新皇登基、太后大寿，乃至土司袭职成功等时候，土司们都有借口朝贡，还有就是犯错后也可以去谢罪朝贡。朝贡频繁的那些土司、邦国，往往是头一批朝贡使团刚走，下一批就出发了，明廷不得不再三下令限制频繁朝贡。

也有死活不去朝贡的，通常是因为与明朝打仗或者对于某些问题不满，或是自己内部发生动乱，无法朝贡。明朝把这种行为叫作却贡。有时候皇帝还会提醒很久没来朝贡的土司和国家前来朝贡，比如明英宗就曾经催促车里、八百、老挝三个地区恢复朝贡。至于朝贡带什么礼物，一般都是各自地区的土特产、奇珍异宝，百夷地区往往是象牙、犀角、孔雀尾、宝石、马、金银器一类的，其中宝石是皇室最为看中的贡品。

对于朝贡的礼节，明朝也做了规定。当使团抵达北京后，云南境内的百夷土司会被安排住在会同馆的北馆，因为算作大明自己人，而境外的则住在南馆。大明给百夷土司设立了六名会同馆应答通事，这些岗位还可以让百夷土司派自己的子孙考取，专门负责接待、伴送以及口译等工作。安顿下来后，会有通事前来对接以及监视，使者们每五日才能出馆一次，其余时间都必须居住在会同馆内。期间一切衣食住行，乃至生病，都有专人照看，就算是不幸死亡，也由大明负责安葬。居住的时间也有限制，暹罗被允许居住一个月二十日，这主要是要排队等皇帝安排时间会见，有时候皇帝心情好了还会有赐宴。会同馆内也有专门区域供各国使臣就餐，或是安排宴会，指定的日子里还有开市，使臣可以拿携带的物品在里面和指定的商民买卖，赚取银钱。

当住进会同馆后，兵器刀剑一类的，除了贡品之外，其余的全部都会收走，禁止交易，也不允许朝贡使团在开市的时候购买民间违禁品，比如史书一类的。明朝每天会派人给使团安排一顿丰厚的伙食，按照使团来人的职务高低，由礼部精膳司向光禄寺领取酒、肉、茶等，然后将物料发给会同馆制作。

如果遇到皇帝赐宴，则会有礼部尚书亲自来陪同吃饭，如果有朝贡国家的国王亲自前来的，则一般会安排该国国王坐在侯爵、伯爵之下，给予等同子爵的礼遇，藩国使臣和土司朝觐则按照大臣的礼节进行准备。永乐时期规定，赐宴的时候，文武大臣乃至大学士都得前来陪同，到了嘉靖时期改为：北方和西番的使臣由武官将领陪同就餐，朝鲜、安南等国的使臣由礼部陪同就餐。

皇上赐宴的时候，礼部要事先在会同馆准备一番，然后在午门外停好装酒用的车子，待光禄寺的官员把御酒装上这些酒车后，再由仪仗队敲锣打鼓开道前往会同馆。接受宴请的外国使节要到会同馆门口迎接，由人捧着御酒从正门进入会同馆，在酒桌上摆放好。传圣旨的官员在桌子的东侧宣读圣旨，使节这时候朝着宫殿的方向下跪，等念完圣旨后，使节要跟着通事一起赞美大明皇帝，然后再次朝拜。传旨的官员给使臣倒酒，使臣向北跪下喝完，再次拜谢。接着就是入席，酒要喝七轮，汤五口，还配有奏乐演戏。宴会结束后，朝贡使臣送传圣旨的官员到门外，才算完成一次御赐的宴会。

如果是皇太子赐宴，则没有这么麻烦，一般是宫里的官员来招待。在朝贡使臣来的路上或者回去的路上经过州府时，省府台一级的官员也要举行宴会，喝五轮酒，吃五轮菜，奏乐但不演戏。

在皇帝定下召见使团之前，会有鸿胪寺的教习来培训使臣一切有关朝觐的礼节。之前来过明朝的使臣如有获得明朝皇帝赐予朝服的，必须穿朝服，如没有的，就穿自己国家的国服。见到皇帝一般是八拜，如果是见皇太子，则四拜，见亲王也是四拜。使臣经过礼仪培训后，方可朝觐大明皇帝。朝觐之前，国书以及贡品清单会送到四夷馆翻译并修改格式，以符合大明的奏疏规矩，该抬头的一定要抬头，该避讳的一定要避讳。

再说回进贡，当朝觐完皇帝后，就是进献贡品和领赏的阶段了。各国进贡的物品通常都是一些自己的特产或者珍宝一类的，通常只有少数贡品是皇室需求的，大部分其实都是走个形式。在这之前，进贡的方物会由会同馆呈报到礼部，礼部的主客司官员会逐个查验，然后填好表格交给仪制司，写好奏本后运进内府，内府再估计价格，等皇上收纳之后再按照贡使的等级分别赏赐，赏赐的价格往往是进贡物品的几倍乃至十几倍，价格高低完全看皇帝心情。

所以在大多数情况下这是一个一本万利的买卖，皇帝赏赐给百夷土司的物品通常是锦缎、上好的丝绸、罗衣等等。土司本人和妻子以及前来朝贡的所有人都有赏赐，哪怕就是驯象的象奴也有锦布一匹，绢衣一套，靴子、袜子一双。可不要小看这些赏赐，除了可以卖掉外，在那个年代，一套上好的大明衣冠绝对是身份地位的象征，所以土司们但凡有机会朝贡的，都是争先恐后地前往，一旦朝贡成功，则可证明自己是正统的大明臣子，在辖区的地位不言而喻，这也算是大明对土司地位的一次认证。

当然，土司们除了享受朝贡的好处，也要履行对大明的义务，那就是缴纳赋税。百夷地区的土司赋税也叫差发银，土司每年都要向云南布政司缴纳，再由云南布政司送往京师。从明初开始，土司们的赋税金额就逐渐固定，明朝通常会根据各地区土司的实力和物产做出相应调整。比如景东府要求的是缴纳马匹，大侯州则是每年给差发银250两，湾甸是100两，木邦则是每年银8锭。

但由于土司之间战争很多，所以差发银经常收不齐，明朝便会给予相应的减免；如果土司协助明朝作战有功，也会被减免差发银。虽然明朝有明文规定，对于逾期不缴纳差发银的土司会给予处罚，但实际上很少执行，除非土司反叛或者完全不缴纳，明朝才会派兵惩罚，遇到土司逾期缴纳或者缴纳金额不足，明朝大部分时间都是睁一只眼闭一只眼。有时候因为催收差发银还导致土司借机欺压当地百姓，贿赂官员，明朝的官员也会乘机吃拿卡要，所以赋税这一项，如果不是赶上打仗，对于明朝来说，作用不是很大。

那么真正让土司头疼的也是明朝官员最关心的是哪一项事务呢？答案是承袭制度。

土司的承袭历来是一个大问题，历史上明朝大臣不止一次上书请求朝廷"宽承袭"。因为承袭的问题已经给云南乃至各地土司带去了太多的灾祸和兵乱，但他们又不得不执行下去。那么这到底是怎么回事呢？

明朝对于百夷地区的土官袭职有明确规定，承袭土司职位之时，必须向朝廷呈报自己的土官世系，只有朝廷审核了确实应该承袭，土官才能顺利袭职，朝廷也才会发放印章、信符等物。袭职之前，还得通过云南三司官员的审核，然后再呈报朝廷批准，如此程序才算走完。九品以上的土官职位还得保送到京城，才能接替之前的土官职位。

而明朝也规定，子、弟、族属、妻、女、甥、婿皆有袭职权，但庶出之子不许。这个规定在日后造成了很大混乱，滇西边境的战争一大半都是因土司袭职而起。因为这些地区的民族婚恋关系复杂，有时候不太扯得清楚，而大明规定的可以有袭职权的人员太多，所以导致谁都可能不服谁。如果规定了妻、女儿、外甥都可以袭职，那么外甥派人暗中毒死原土司，是不是就可以顺利袭职呢？后面孟密的独立也与这个规定有一定的关系。

虽然明朝也规定了父死子继、兄终弟及，若土司后继无人，则由土司下面的诸头目推举一人，再由朝廷任命，成为新土司。但执行层面上，往往横生祸端，争执不休。到明朝中后期，土司之间因为承袭问题而互相仇杀已经是很平常的事情了，朝廷很多时候都管不过来。岳凤这些人一开始都能以这个借口迷惑明军，可见土司承袭问题爆发之频繁。

为此，明朝也做出过改变。明宪宗就曾对因土司嫡庶不明而引起的累年争袭的问题重新做出规定：但凡土司的儿子，不管是嫡还是庶，每三年都要给朝廷汇报一次情况，同时修改三司审核时间，三个月内必须结束审核，不得延误。不过这一举措依然没有改变土司袭职的困境，毕竟当时傣族等民族才刚刚进入封建领主制，首领很多时候都是凭实力而不是凭血缘当上的，所以其内部依然奉行谁势力雄厚谁当老大的规则，打完了再找明朝认证。所以土司间因袭职而引起的仇杀非但没有因明宪宗的改革而停止，反而随着时间的推移而越发严重了。

弘治年间，云南御史提出：让五十岁以上的土官袭职者，由本地的守臣亲自查验；十五岁以上应该袭职者，不需查验就可以袭职；未满十五岁者，由流官协助管事，满十五岁后就立刻袭职。明孝宗同意了奏请。但袭职问题仍旧无可避免，在当地官员徇私舞弊的情况下，土司们依然会争袭，依然会大打出手，同时随着明朝中后期朝政日益腐败，更多的问题也随之诞生。后期沐王府和三司官员之间的权力斗争也导致了管理混乱，扩大了权力寻租空间。

土官在袭职的时候，为了贿赂明朝官员，就会盘剥当地百姓。原本云南当地的百姓比较淳朴，虽然百夷好斗，但很少有人去当盗匪，但每每遇上土司袭职，土官要贿赂云南地方官员，就要从百姓身上盘剥财物，增加了百姓的压力，遇到战时，百姓还得服役，所以逐渐就有盗匪形成，聚啸山林。加上明朝中期以后，不断以"备荒"为名，时不时就对云南边境地区的百姓征收粮饷，遇到战争年代自不必说，转运粮草、马匹这些重活，自然又是百姓承担。

明朝当时还规定，凡是土官承袭，必须按照品级缴纳米谷。五品及以上者纳谷300石，六品及以下者纳谷150石，但明朝对云南境外的土司又非常宽容，因为路途遥远，承袭时经常会免除他们前来勘合的环节，所以担子基本都压在云南当地土司身上了。土司们一旦遇到袭职要缴纳米谷，就会从百姓身上盘剥，时不时激起民变。而云南当地官员索取无度，又时不时引起土司的反叛。

云南三司是审核土司袭职的主要机构。官员腐败的时候，吏房官员利用土司信息不通的弱点，擅自藏匿黄册，甚至修改公文，让土司不能顺利袭职。土司若要想袭职，少则交纳一二百两银子，多则六七百两。其中，元江、丽江的告袭土司甚至有花费上千两的记录，甚至承袭完成后，还会被敲诈一次，于是袭职不成愤而投缅的也就大有人在了。有的土官级别很低的，比如巡检、驿丞这些，没有什么油水可以捞，往往因为无法缴纳米谷而多年不能袭职。后来明朝也不得不一再放低标准，只让土知县、长官司长官以上的土官缴纳米谷，不过依然不能改变官员盘剥土司、土司盘剥百姓的局面，所以当时傣族地区有句俗话叫"土司袭职，百姓遭殃"。

理清了这些问题，我们才能讲清楚接下来要发生的事情，了解为何孟密一定要开府，以及开府问题为何会导致云南地区土司动摇。

孟密开府

交代完了岳凤的事迹，以及明朝百夷土司制度和朝贡贸易的重要性之后，我们还得来说一下明朝是如何让缅北土司开始产生离心且逐渐投靠缅甸的，问题就从木邦宣慰司（境域包括今萨尔温江以西的南北掸邦地区）开始。罕拔叛明投缅是有历史原因的——原属于木邦境内的孟密土司在明朝的帮助下独立成功，导致木邦战祸不断，缅北诸土司动摇。

孟密，今天缅甸的蒙米特地区，自古就盛产各种宝石，史载这里"有砖城，无戍楼，产花果瓜蔬与中国同，有宝井、金矿，估客云集"（《滇志·猛密宣抚司》）。其实最早的时候，这里属于麓川王国的势力范围，明朝三征麓川之后，原本的麓川王国四分五裂。明朝在麓川故土册封了一系列土司，那时候的孟密还属于木邦宣慰司^①管辖，属于木邦下面的一个土司。三征麓川的时候，木邦因为想要自立，所以积极配合明军作战。结果后面明朝耍赖，怕再崛起一个麓川王国，所以答应分给木邦和缅甸阿瓦的麓川领土没有给，导致出力最多的木邦和缅甸阿瓦相当不满。但那时候明朝还在武德巅峰期，二者就算不满，也不敢有什么动作，木邦还是老老实实地当大明的宣慰司，照例进贡。

早在永乐时期，孟密的宝石就已经远销大明了，而且是直接供入宫里，甚至后来还流入了西洋地区。史料里曾经记载一颗产于孟密的宝石，"重三两一钱，深红色，明莹娇艳非常，当时估值银三千两"，这是相当了不得的一颗宝石。永乐时期，宫里开始派人去采买孟密的宝石，而且用的是内帑的钱。朱棣驾崩后，短暂在位的明仁宗曾经下令禁止采买云南边地宝石，让护送宝石的官军各回原位。

之后大明权力更替，宝石也恢复了开采。正统年间，木邦宣慰司宣慰使罕盖法为了更好地利用孟密的宝石资源，决定把自己的女儿囊罕弄许配给孟密的"陶孟"（城

---

① 其治所在今缅甸新维，据方国瑜先生考证，新维系汉语"宣慰"的音译再转译文。

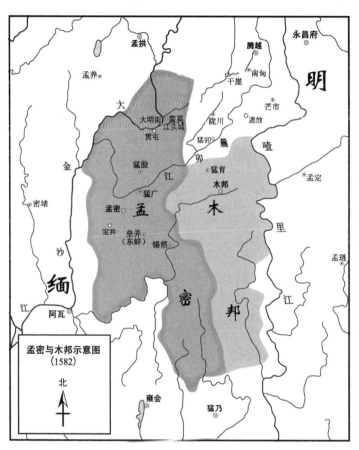

谢信业制图

主）思外法，以达到进一步控制孟密的目的。囊是傣语成年女性的意思，罕是她家的姓氏，弄是她的名字（也许是小的意思）。囊罕弄是一个非常厉害的女人，她的存在，甚至可以说决定了日后明缅之间的局势变化。

三征麓川期间，因为明朝没有兑现分给木邦麓川之地的许诺，所以木邦给明军提供的粮草一直延迟不发，但孟密土司却稳定供给明军粮草，所以战争结束后，主帅王骥把原本属于麓川王国的孟木等十六寨划分给了孟密。这导致木邦大怒，但又不敢发作，毕竟名义上孟密还是木邦的属地，大明给了孟密也算是给了木邦。当时的孟密已经是囊罕弄掌管了，她并没有顾忌"娘家"木邦的态度，不认为自己有啥错。

景泰年间，木邦宣慰使罕盖法去世，其子罕落法继任。囊罕弄根本没有把自己这个兄弟放在眼里，她认为罕落法根本没有实力管自己，孟密完全可以从木邦独立出去，成为实际独立的土司。罕落法去世后，其子罕乞法继位，囊罕弄就更不把这个侄子当回事了。罕乞法也不甘示弱，把自己的妹妹嫁给了曾经和木邦有仇的孟养土司思陆，以对抗孟密。前面说过，孟养就是麓川王国覆灭后，其后裔的聚集地，所以孟养思氏的战斗力很强。

其实木邦针对孟密，都是因为宝石。因为有了宝石，就能直接获得明朝的支持和关注，囊罕弄嫁过去也是这个原因。只不过当囊罕弄嫁过去以后，她就完全当自己是孟密的人了，也因为孟密有宝石，这可以帮助她获得在木邦不能获得的一切。其实严格来说，囊罕弄也有继承土司位子的权利。通常土司职位由嫡长子继承，继承职位的人必须娶另一个邻封土司的女儿作为"印太"，土司百姓才认为这里是由"一对土司夫妇"管理的地方，地方才会平安。因为土司的官印一直是土司夫人掌管的，所以她们被叫做"印太"或者"掌印夫人"。这种模式往往是在高一级土司嫁女给次一级土司的时候实行，囊罕弄从木邦嫁到孟密正好符合这个标准，她就是孟密土司的"印太"。

孟密刚开始反叛木邦的时候，还只是制造混乱而已。宝石的贸易让孟密可以招揽人马、壮大实力，但此时囊罕弄还不敢侵略木邦，只是希望绕过木邦获得独自向明朝进贡的资格。要知道，那个时代，去大明朝贡那是稳赚不赔的买卖，而且获得大明的认可也有利于自己在掸邦地区立威，所以囊罕弄此时是以能独立朝贡为主要目的。

要说囊罕弄是真的命好，就在她为了孟密独立而苦心运作的时候，滇西地区来了一个人，改变了孟密的状况。

这个人叫毛胜，是大明王朝的第一任南宁伯，是世袭的勋爵！其地位十分崇高，可以说在云南除了沐王府外，谁的面子他都不给。

毛胜的祖上是元朝的冀宁王，其祖父在元朝当过右丞相。他家在洪武年间归附明朝，靖难之役又立过功，到毛胜这一代，官职已经是锦衣卫都指挥使了。三征麓川时期，他跟随王骥的部队出征，大破敌军，那也是他第一次到云南。后来瓦剌也先入侵大明，北京保卫战打响，毛胜当时先是守大同，和瓦剌军队激战后退走，后又在北京城门下数次苦战瓦剌军队，最终击退了也先，立下了赫赫战功。

事后明代宗直接给毛胜封了左都督，后又派毛胜去湖广、贵州平叛，最后让毛胜镇守云南，驻扎金齿、腾冲，毛胜成为当时明朝在滇西的最高军事长官。不得不说，毛胜在军事上确实是一代名将，但不管是文官还是武将，在明朝被派往云南任职本身就不是啥好事，云南是边境地区，那可是要面对相当多的苦差事的。不过从军事角度考虑，明代宗安排毛胜驻扎在刚打完麓川王国没多久的云南前线稳定局势，还是合理的安排。果然，毛胜到任后不久，就平定了芒市土司的叛乱。

加封南宁伯后，毛胜膨胀了，开始在云南寻找可以发财的门路。而孟密的宝石早已远近闻名，滇西又是其入贡的必经之路，这里的军事长官就是大明在整个缅北的代表，所以毛胜自然就盯上了这块肥肉。碰巧囊罕弄也在找机会，双方一拍即合，毛胜开始大量索贿，获取孟密的宝石利益，并且私下给囊罕弄许诺，可以让其单独入贡。

不过毛胜仅仅是许诺，并没有兑现成功。一是因为，决定土司是否能入贡的权力在云南巡抚和镇守中官的手上，毛胜地位再高也不能越权；另一个原因是，毛胜大肆敛财的行为已经有云南监察御史弹劾了，说他狡猾难测，图谋不轨。明代宗让云南总兵调查此事，但最后也不了了之。毛胜于天顺二年（1458）八月卒于任上，死后还被追封为南宁侯。

毛胜虽然没被追究，但其做法影响恶劣，因为他既有勋功在身，又是一地的最高军事长官，私下索贿并且许诺入贡，严重损害了明朝的威严，破坏了土司制度，为滇西边疆的混乱埋下了种子，也为孟密的独立开了个苗头，囊罕弄从此更加肆无忌惮地寻求独立。

天顺八年（1464）正月，重新夺位的明英宗也去世了，明宪宗即位，改元成化。宪宗一开始也下令停止

一切采买活动，节俭度日，但随后就放弃了。成化四年
（1468）二月，宪宗下旨派太监钱能镇守云南，追缴所欠
粮款，充实国库。次年，钱能抵达云南，开启了他的贪污
之旅。

钱能是镇守中官，是皇上身边的人，整个云南除了沐
王府勉强算和他平起平坐外，几乎没有人能管他。钱能和
毛胜不一样，毛胜好歹还得给镇守中官面子，钱能自己就
是这个职位，如果不是明显的大错误，比如引起叛乱、兵
变什么的，就算是沐王府的黔国公本人，也只能给皇上打
报告，根本无权干涉钱能。更何况，钱能捞钱没准是皇上
授意的，因为珍宝很多直接进入了宫里。所以这种事情，
除了不怕死的言官外，基本都是装作不知道。

镇守中官的主要任务本来是"令军民安生乐业"，明
朝也要求镇守中官遇见事情一定要和沐王府还有云南三司
的官员商量。但到了明朝中后期，由于皇帝对宦官极度信
任，使得宦官的势力越来越大，谁都不放在眼里。有明一
代，镇守中官在任时间最久的就是钱能，他一共在云南待
了十二年，也就是贪污了十二年。

从成化四年（1468）到任云南开始，钱能就大肆敛
财，甚至在前往云南途经贵州的途中，他就祸害当地官

民。他敛财的对象不只是土司，还包括云南当地的矿主、百姓乃至官员。同时他还想尽办法搜刮土司的珍宝，干扰土司承袭制度。

本来土司的品级、职衔是有明确规定的，从武职系统从三品的宣慰使，到正七品的长官司长官；文职系统的从四品土知府到七品的土知县，都有详细的安排规定。进贡的时间、道路，乃至差发银（税）也是固定的。但如果云南的官员对此加以干预，比如说该承袭的时候不给印信，要求拿钱换，或者故意卡时间等等，土司们就要付出更大的成本才能顺利承袭，如果要价过高，还会引起土司内部仇杀甚至导致土司投靠缅甸。

比如隆庆二年（1568）木邦土司承袭，新任土司照例要给云南地方报备任职宣慰使，金腾兵备也照例派人拿着宣慰使冠带前往木邦，但中途居然有官员给木邦方面说要拿银子上千两来换，不然就不给办手续，木邦新土司知道后大怒，愤而断绝了所有商路，不让汉人通过，因此浩成了内地食盐（主要是云南云龙五井之盐）无法运抵木邦。木邦向缅甸求援，当时缅王莽应龙知道这个事情后，非常高兴地馈赠了木邦海盐五千篓，木邦土司随即前往缅甸拜见莽应龙，表示愿意投缅。这个事情被当时的云南百姓编成了歌谣："官府只爱一张纸，打失地方二千里。"用来讽刺云南官员的腐败。所以明缅战争开始后，云南官员不断提议的"宽承袭"就是让土司袭职更加容易，以免出现盘剥腐败等事件。

明朝后期西南边疆出问题，很大程度也是因为承袭制度被腐败官员破坏了。钱能在云南省内的贪污行为还有两件事被编成了段子，虽然真假不知，但足以体现当时云南百姓对他的仇恨。

一件是，云南有个富翁患有癫痫病，但有一个非常孝顺的儿子，钱能知道后就派人告诉他儿子，说你老爸这个病容易传染当地驻军，现在年纪又很大了，干脆投入滇池算了，免得感染大家。富翁儿子吓坏了，赶紧重贿钱能，此事才作罢。

另一件则更奇葩了。钱能知道云南有一个靠卖槟榔发家致富的商人，姓王，民间都叫他"槟榔王家"。钱能直接派人抓了他，然后问他，你一介草民，居然敢妖言惑众僭越二字王称号？吓得王姓商人交出所有钱财才换回一条命。所以，安排这样一个"死太监"来到云南，除了激化矛盾外，是不会有任何好结果的。

孟密的囊罕弄知道后，更加投其所好，大肆贿赂钱能，为孟密单独开府做准备。因为有了钱能的支持，孟密开始出兵占领周边其他土司的一些村寨。一时间，各土司都陷入了混乱之中。这时候，钱能还干了一件大事。他有个心腹叫郭景，任职指挥使，此人为日后孟密开府也起到了关键作用。钱能让郭景以军情的名义上奏京师，谎称安南（越南）有劫匪窜入云南境内，安南军队跟着入境抓捕盗匪，希望朝廷派人前去告诫安南国王不得造次。消息传到京师，宪宗准了。

钱能就让郭景带着玉带、蟒衣、弓箭、罗缎等宝物前去安南，告知安南国王说以后可以直接从云南入贡，不用走广西那边了。安南国王很高兴，赠予了钱能许多财物。因为能走新贡道就等于能多刺探大明边境情报信息，也能多一些生意机会。当时安南从明朝手里复国成功才过去没多久，边境形势还是非常紧张的，钱能这一搅和，差点弄出大问题。

后来安南贡使团队在云南边境被守军拦下，差点发生冲突，当地百姓还以为安南军队又打过来了，吓得四处逃亡。当地总兵以及三司官员多次派人告诫使团不能由此入贡，使团才返回。但发生了这么大的外交事件，朝廷居然三年后才知道，足见钱能势力之大。

钱能手下还有个叫卢安的指挥佥事，直接越过木邦到孟密索要宝石，囊罕弄因此更加得意。因为以前至少还要通过木邦宣慰使那边走个程序，现在直接免了，所以囊罕弄对于卢安的要求都尽量满足。获得大量宝石的钱能上奏朝廷要求给卢安升官，明宪宗准了。宝石多了宪宗也很开心，直接给卢安升成了署指挥同知。这样一来，云南的官员都知道这些行为是皇上默许的了，更加不敢出声。

大才子杨慎在其诗作《宝井篇》中写下"成化年间宝石重，窈窕繁华急玩弄"的诗句来讽刺这种情况。囊罕弄更是因为这个关系，在成化六年（1470）六月获得了直接入贡朝廷的权力。孟密的四处扩张已经引起了土司之间的混战，黔国公沐琮很头疼，但也无可奈何。对于云南的事情，皇上一直要求他和钱能一起商量，现在钱能惹出事情，却没有谁敢处理他。直到成化十二年（1476），大学士商辂上奏朝廷，公开弹劾钱能贪腐，明宪宗才不情不愿地派了王恕为都察院左副都御史巡抚云南，钱能才开始有所收敛。

该年十二月，钱能派郭景，沐琮派龚遂和金齿副总兵指挥侯勇前去干崖宣抚司办公。第二年正月事情办完后，龚遂和侯勇都回来了，只有郭景没回来。他去哪里了呢？去孟密给钱能要宝石去了。二月初一，郭景到了孟密，但没有见到囊罕弄和她儿子思柄。二十二日，郭景到达孟密所管的采矿区宝井，在这里他看到了一个身材婀娜、长相妩媚的傣族女子，她是宝井当地已故头目的第三妾罕摆，也是囊罕弄的孙女。囊罕弄把她嫁过来也是为了加强对宝井的控制。郭景见色起意，直接让随从把罕摆抓走，并强暴了她。

囊罕弄回来后知道了这件事，她没有发作，而是派人把郭景从宝井请回了孟密。郭景不但不害怕，还直接提出要求让囊罕弄给宝石。囊罕弄全部答应了，给了郭景二百两银子以及大量宝石、象牙、檀香等珍品，希望郭景能把自己孙女留下来。没想到郭景不光不买账，还直接说"你若不与我带去，不许你在这地方住食，若与我去，我讨冠带与你管事"。好家伙，这一下囊罕弄被触动了。

她费尽心思地反抗娘家木邦，得罪所有土司，目的就是要孟密独立开府！这下大明的人终于主动说出来可以给冠带！土司们的身份认证可不就是这套冠带吗？为此，牺牲一下孙女又如何，土司们嫁女不就是这个目的吗？当年囊罕弄自己就是这样被嫁掉的，没想到她作为女性当上管事的以后，一样以此方式对待自己的女性后辈，没有丝毫改变。囊罕弄答应了郭景，让他带走罕摆，但她不知道的是，郭景连安南国王都敢忽悠，你一个小小的土司他就不敢吗？

孟密有了郭景的许诺后开始出兵进攻木邦。因为有钱，招揽的人多，土兵条件好，孟密的土司兵战斗力得到了很大提升。木邦无法抵御，宣慰使的两个儿子被杀，木邦没办法，只能前往云南当局告状，说："先前有卢京官（卢安）、苏京官（苏本）、杨京官（杨能）等前来，不到我宣慰处，却往孟密囊罕弄处说要开衙门，得金银宝石。他思宾（柄）、囊罕弄起兵来杀……"

巡抚王恕知道后非常重视，恰好之前钱能派郭景忽悠安南国王入贡的事情败露了，王恕便下令将郭景逮捕，郭景知道自己罪不可赦，直接投井自杀了。王恕后来上奏朝廷，把钱能等人贪腐的事情一五一十地告诉了明宪宗。但明宪宗也只是处理了相关的九个人，撤掉了钱能的职务，并没有杀他，而是让他到南京闲住，毕竟钱能是替自己搜刮宝石的，若把他杀了，以后谁替他干脏活？时人张含在所写的《宝石谣》中就描述了因为明朝开采宝石给滇西百姓造成的苦难："成化年中宝石重，私家暗买官家用。只在京师给币银，不索南彝作琛贡……只为饥寒盗贼起，山川城郭尽荒凉。"

成化十六年（1480），覃平接替钱能继任云南镇守中官，王举镇守腾永地区，但宦官掠夺宝石的行为并没有停止。然而此时孟密已经坐大，囊罕弄不愿意再给太监们上供，而且她认为明朝已经答应孟密开府了，在明朝没有履行承诺之前自己是不会再给宝石的。王举到孟密要宝石的时候，囊罕弄一口回绝。王举大怒，一个小小的土司居然敢反抗镇守中官，随即告诉囊罕弄要治她叛木邦之罪。

囊罕弄听后心里有些害怕，因为自己虽然实力壮大了，可以欺负一下木邦这些土司，但她也知道大明是惹不起的。这时候在孟密做生意的江西人周宾给囊罕弄出了主意，他说，现在万阁老（万安）爱财，又掌权，而且新结交了万贵妃，如果你能派人给他重金，不但可以免遭兵祸，更可以开衙设府。不得不佩服明朝的这些江西商人，什么门路都有，什么事情也都敢谋划。

囊罕弄毫不犹豫地采纳了这个建议。成化十七年（1481）五月，囊罕弄派使团朝贡，并且派人密送了重宝给首辅万安，同时请求朝廷允许自己开府设衙。只有明朝同意，土司才能按照规制修建自己的土司衙门，这也是一个身份象征。但这次明朝只是赏赐了孟密使团，没有同意开府，万安倒是想答应，但刘吉等大学士反对，他们认为如果连孟密都能开府，那岂不是所有土司下属的小土司都得效仿了？此事这才作罢。

囊罕弄打通万安后，已经无所顾忌了，继续出兵扩大势力范围，甚至要结交安南，希望安南能借兵攻打木邦乃至八百等地。云南总兵官黔国公沐琮上奏朝廷，要求紧急处理此事。朝中处理意见分为两派，一派是以兵部尚书张鹏为主的主战派，希望讨伐孟密；另一派就是以首辅万安为主的主和派，收了钱的万大学士表示自己说句公道话，对孟密实行安抚就可以了，不用大动干戈。

朝廷最终采纳了万安的意见，同意他提出的建议：派一个有才干的大臣，然后配合一个熟悉夷情的通译去孟密调停。本来万安是让兵部职方司郎中刘大夏去的，但刘大夏推辞不去，最后万安推举了丁忧中的右副都御史程宗和四夷馆序班苏铨前往孟密调停。但苏铨之前已经被孟密使团买通了，加上万安也派人给他指示过此事，他一个小小的八品翻译自然不敢怠慢，加上这也是为数不多的翻身机会，于是他将这个情况告诉了程宗，程宗自然明白首辅大人想要的是什么。

程宗一行在成化十九年（1483）抵达孟密，但由于有人挑拨离间，他们没有见到囊罕弄，于是程宗就返回了腾冲城，又派遣经历王执中前去孟密。囊罕弄琢磨了下，觉得还是不能公开得罪大明，八月份的时候就派人再次朝贡大明。朝廷认为这是程宗抚慰有功，给了孟密很多赏赐，还在会同馆设宴款待孟密使团。要知道按照孟密原本的等级，能被设宴招待是很难的事情，毕竟只有大的朝贡国才会有专门的宴请，小的土司就是厨子备好菜，他们去吃而已。设宴就有表演，有重要的官员陪同，看得出明朝开始重视孟密了。

囊罕弄顺势上奏朝廷，说孟密和木邦有世仇，要求单独开府，设立安抚司就行。明朝的土司等级最高是宣慰司，然后宣抚司、安抚司、招讨司、长官司、蛮夷长官司，往下就是苗官、千夫长等没有品级的土司。孟密要求的只是第三等的安抚司，还是知道自己几斤几两的。

其实当时孟密的势力已经很大了，木邦再也压制不住孟密了，明朝也不想派兵花银子去解决这个问题，加上本来也是皇上要宝石导致孟密坐大，所以这个事情移交兵部处理的时候，原本主战的兵部尚书张鹏已经知道该怎么做了。他表示朝廷专员也去查过了，既然没问题，那就同意抚谕。明宪宗随后表示孟密一直很恭顺，和木邦的矛盾应该是奸人挑拨导致的，让程宗接任云南巡抚，和苏铨一起促成木邦和孟密讲和。

成化二十年（1484）正月，程宗再次进入掸邦地区。

这次他知道皇上和首辅的意思已经明确，所以在夷区四处设宴招待孟密来使，同时羞辱木邦来使，做给孟密和所有土司看，以表明大明的态度。不过囊罕弄居然没有去拜会程宗，反而避而不见，并且提出如果面见程宗，要坐着交谈而不跪着。程宗居然答应了，明知此举不合礼制也不顾镇守中官的反对，亲自过南牙山去见囊罕弄（据传此时囊罕弄已自称"天娘子"，对内已经与土司们所称的大明皇帝"天皇帝"平起平坐了）。

见到囊罕弄后，囊罕弄态度还是很嚣张，说孟密只是大象腹中小象，如今小象已经长大，怎么可能还在大象腹中，暗指自己独立是应该的。但程宗直接说道："天子念你等不知礼教，不和你计较，让我来赦免你以前的罪过，让你回到你来的地方，守好疆土，老实朝贡，不要再侵扰别人，不然就天兵讨伐。"囊罕弄要求开府的请求最终还是通过了，程宗奏请给孟密开府，并且说孟密已经归还了侵占木邦的十八个村寨。然而实际上是四夷馆序班苏铨告诉囊罕弄，说你们假装归还，但不用撤兵。朝廷信以为真，同意了孟密开府。木邦纵然再不情愿，但因实力不济，也只得听之任之。

成化二十年（1484）六月，孟密安抚司成立，隶属云南布政司，以囊罕弄之子思柄为安抚使。至此，长达十多年的孟密开府之争落下帷幕，囊罕弄达成了心愿。直到这个时候，云南边境的军民依然在和孟密交换一些明朝禁止走私的物品以获得宝石，虽然当时的黔国公沐琮请朝廷下令禁止宝石交易，但利益输送链条已经形成。

成化二十二年（1486）六月，腾冲卫的守臣余丨、刘通为了获取宝石，不惜挑起囊罕弄和其他土司仇杀，事情败露后全家被充军辽海卫，从大明的西南发配到了东北地区。成化二十二年（1486）八月，孟密按照朝贡贡期，第一次以安抚司的独立身份朝贡大明，明朝设宴款待，回赐了安抚司等级的宝物，这标志着孟密开府彻底成功。

孟密开府的成功，离不开明朝官员的腐败，尤其是边臣和宦官的腐败。这个腐败是持续性的、群体性的，所以也并不是靠钱能、程宗几个人能成事的。除他们之外，成化年间金腾地方镇守太监吉庆也是一例。他上任后贪赃枉法、私设牢狱、卖官鬻爵、大肆敛财，在当地几乎激起民变，孟养土司也派人贿赂过他。这些例子足以证明当时的宦官系统已经成为皇帝的私人敛财工具，监督地方的作用基本丧失，因此孟密才能靠着这个腐败系统一点一点谋划开府。

土司震动

孟密开府成功，并没有阻止囊罕弄的野心，反而让缅北土司们发誓要灭掉孟密，因为如果都学孟密造反，那么自己手下的小土司都会独立。孟密也不甘示弱，继续派兵攻打木邦，木邦不能抵挡，派人到云南求援。朝廷让云南官员拿着圣旨去告诫孟密退兵，并退还侵占的木邦土地，木邦宣慰使罕乞法甚至还把之前程宗前往孟密之时撒谎欺骗朝廷的事情告发了。

刚继位不久的明孝宗下旨训斥了包括黔国公在内的云南一干官员，并且让程宗挨了一顿板子，然后撤销了他的官职。但这并不能阻止孟密的壮大。随着木邦势力越来越弱，弘治六年（1493）八月，朝廷划分孟密直属云南，不再算作木邦区域，进一步明确了孟密的独立地位。

但孟密依然没有收敛，明朝也不愿意直接派兵，于是木邦罕乞法不得不出昏招，向仇家孟养借兵，因为他连自己去接亲，都被孟密土司兵断了道路，被困在外地回不了城。孟养土司思陆知道后大喜，随即派兵支援木邦。孟密知道孟养兵要来的消息后，迅速撤兵。

之前的文章里就介绍过，作为麓川王国后裔的孟养，是整个滇西乃至缅北战斗力最高的土司兵，但因为与明朝有约定，所以他们一直不敢越过大金沙江。三征麓川时王骥立下的"石烂江枯，尔乃得渡"的告诫，孟养一直不敢忘，几十年来一直遵守诺言，而且还自称是大明的"守金沙江奴婢"。其战败后一直朝贡，但明朝都不给信符令牌，就怕他们再次崛起。

但随着孟密崛起，给明朝的进贡表文越来越傲慢，黔国公沐琮等人不得不考虑让孟养出兵教训孟密，反正大明不出兵是最好的。罕乞法禀告说自己可擒获孟密安抚使思㩝，沐琮等人就商议让孟养兵过江配合木邦一起擒获思柄。消息传到孟养，思陆毫不犹豫就答应了，因为他终于可以打破大明的限制，开始考虑恢复祖先打下的版图了！孟密也好，木邦也罢，在他看来不过都是麓川王国的旧土。(也有记载说云南参政毛科曾经组织过部分明军配合木邦土司兵征讨孟密，但由于轻敌，被孟密设伏歼灭，之后毛科被降级处罚。)

思陆派遣手下大头目伦索带领精兵、象马渡过大金沙江，前去攻打孟密，思㩝知道后也赶紧派兵在蛮莫阻击孟养。伦索带兵过江后，面对前来监督的明朝官员蔺昂，指着天上盘旋飞翔的老鹰说："我曹犹此鹰，夺得地土即管食之耳。"意思就是他们就像这只鹰一样，过江后打下的土地就是他们的。蔺昂把这个事情禀告给云南参政毛科后，毛科焦虑得睡不着觉，生怕再弄出一个麓川王国来，于是赶紧派人去蛮莫招降孟密。

孟密在蛮莫的驻军坚守不出，最后答应了明朝的要求，表示愿意投降。孟养方面得知后很不高兴，但也怕自己后路被断，还是退兵了。但从此，孟养不过江的规定被打破了，明廷因此处了一干官员，却也没用。往后孟养数次兴兵攻伐孟密，明朝也管不了。各地土司再次陷入恐慌和混乱之中，原本安静的孟养势力再次加入到土司争斗中去。明朝在缅北的威信和影响力则再一次下降，为日后缅甸北扩、吞并缅北土司提供了有利条件。

到了嘉靖年间，孟密势力越来越嚣张，不仅拖延宝石贡期，甚至连明朝派去采办宝石的中官太监都敢伤害。因而也不断有官员上奏朝廷希望停止采办宝石，以免孟密继续壮大，但这些建议最终都不了了之。

孟密的独立是滇西土司藩篱尽撤的源头，孟密后来在万历十三年（1585）升任宣抚司，但那时候明缅战争已经开启。可以说，明缅战争中土司投缅的根源都始于成化年间明朝偏袒孟密，祸根已经埋下了一百多年，已经到了总爆发的时候。

第四章

大明的反击

缅甸的官制与兵制

万历十一年（1583）二月二十四日，云南永昌府南部猛淋寨（今云南龙陵县东北三十六里镇安镇），楚雄指挥吴继勋，鹤庆千户祁维垣、百户徐应彩率军在此布防。这里本来不是他们的驻地，楚雄府和鹤庆府都在永昌的东北边，虽然明朝武职人员也经常调动，但大部分时间还是待在自己的驻地，他们三人在此布防的原因只有一个，那就是缅军要打过来了。

从缅军攻破顺宁府起，云南就已经开始紧急派兵防御各处了。但无奈时间有限，能调动的兵马不多，吴继勋和祁维垣等人原本以为只要明军到了，大部分土司兵定会望风而降，直到他们看到了漫山遍野的士兵和各种长短不一、形制不同的兵器出现在眼前……

岳凤之子曩乌率领的六万人马里，有缅军也有滇西各地反叛的土司兵，他们大多没有穿上衣，露出各种纹身，持着双刀、刀盾、长枪、长弯刀、镗钯等形制不一的兵器，明晃晃的一片。若是以前，明军一结阵，放一轮火枪、一轮炮，这些土司兵就得作鸟兽散。但现在不同，他们有同样装备了葡萄牙火枪的缅军在阵中，虽然人数不多，但足以让他们认为可以和明军一战。

在绝对的人数优势下，任何战术都是徒劳的，吴继勋、祁维垣、徐应彩成为了明缅战争中率先牺牲的三位明军将领。猛淋的陷落，算是明缅战争正式开启的信号，大明的大规模反击也即将展开。

这里有必要介绍一下缅甸当时的官制、兵制情况。其实在后世的中文史料中，都记载了缅甸是在最后一个封建王朝，也就是贡榜王朝时期才有了职业兵制度。然而这个说法是不准确的，因为贡榜王朝之前的东吁王朝，也就是莽应龙的时代，缅甸已经有了类似的职业兵制度。了解了这个情况，可以对缅甸出兵数量、兵员素质以及政治环境有个大致的认识。

东吁王朝崛起后，缅甸的行政制度也发生了变化，建立了一个全国最高的行政和枢密机构——鲁道，这个鲁道等于是缅甸的枢密院。也就是从这个时期开始，缅甸的行政机构和官僚体系日渐完善，缅甸在首都汉达瓦底王宫前院修建了枢密院大殿，这个机构有四个主要大臣，缅语中叫"蕴记"，即丞相的意思。又有四个丞相助手，名为"蕴岛",也就是侍郎。还有四个王室汇报员"纳甘"、四个首席秘书"刹也道纪",行政机构大约由四十个专门秘书和正式官员组成。这个机构有点像明朝的内阁或是清朝的军机处。

而当时缅甸的枢密院下面也分了九个部门,分别是:

1. 管理官职仕免、晋升、宣誓的部门,类似明朝的吏部和礼部。

2. 管理起草和修改法律的部门,类似刑部和大理寺。

3. 管理碑铭、古文献、三藏经、星相学、寺庙和各地区考试的部门,也类似明朝的吏部和礼部。

4. 主管水路交通和军事防务的部门,类似兵部与工部。

5. 主管调解纠纷以及各类刑事案件的部门,类似刑部。

6. 主管各种关税税收的部门(除了土地和水),类似户部。

7. 主管土地税和水税的部门,也类似户部(看得出缅甸对于土地也是单独划分管理机构的)。

8. 主管皇宫、城池、寺庙等四季事务的部门,类似礼部。

9. 主管步、舟、骑方面的邮政部门,类似兵部。

　　枢密院下辖多个负责地方事务和部门事务的附属机构，一共有50多个，每个部门的部长称为"蕴"。这些部长也有等级区分。除了枢密院外，还有一个更重要的机构叫"别岱"，也就是"内廷府"，类似明朝的锦衣卫和东厂，位置也在王宫中，由四个专门的内廷大臣"阿温蕴"及其秘书还有中下级官吏组成，负责监督审核官员和一切呈送国王的报告，同时还可以协助国王起草发给枢密院的命令。

　　缅甸古代的国王也是政令即出、不能追回的。枢密院权力大的时候，也能制衡国王，所以内廷府的出现，就形成了三股势力的交错。明白了这个架构，就能明白日后莽应里起兵时的顾虑了。而东吁王朝的官员又是没有薪俸的，财政全部靠官员从民间寻找供养，所以经常出现盘剥百姓导致起义或者百姓跟随其他诸侯造反的事情。国王只是规定他们可以从上缴国库的税收里抽成，以及收取代理诉讼的费用，这些钱根本填不饱这些官员，所以当国王威望大的时候，还能压住官员，一旦威望下降，各地就会兵祸四起，这也是缅甸王朝的一个弊端。

　　东吁王朝时期的"缪"相当于"邑"，封建领主制在这个时期得到了巨大发展。每个"缪"的长官权力很大，虽然名义上是中央派驻的，但实际上等于一方诸侯，很多都是世袭制，很多基层官员名义上效忠缅王，实际上的主人却是地方领主。而古代缅甸又是一个"曼荼罗式"的国家组织形式，即首都—临近首都区域—外围区域组成的国家形式，很多时候政令还没出首都就变味了。

缅甸从第一个封建王朝蒲甘王朝开始，全国就被分成了若干军事防御区，而且对各城镇、村寨都按照可征兵人数进行了划分，从一千、八百、四百、三百、二百、一百、八十、五十、三十到二十不等。从蒲甘王朝开始，一直到贡榜王朝结束，这个划分方式都延续了下来，东吁王朝也不例外。

不过东吁王朝时期，缅甸并没有一个职责清晰的专门管理军事的部门，所以虽然有征兵等级的划分，但也不能有效调动兵员。但因此认为东吁王朝没有职业兵也不恰当。当时缅甸实行的是一套叫"阿赫木旦"的制度。"阿赫木旦"的缅文含义为"承担义务，需要服役之人"，也就是按照各种职业区分人民，是一种固定的农奴制度。制度将人民按照兵役、杂役、农业、手工业的类别，分别组织起来，集中管理。比如莽应龙曾经把孟养和孟拱的俘虏迁移到瑞帽地区，把他们编入到当地的村子里，成为盾甲兵屯和弓箭兵屯，让他们世代都作为剑盾兵和弓箭兵。后期其至连葡萄牙雇佣军也被俘虏聚集在一起成为火枪兵屯，世代当火枪手给缅王服役。缅甸至今还有一支葡萄牙人的混血后裔，就是当年的葡萄牙雇佣军的后人。

在"阿赫木旦"制度之前，缅甸有一种叫"筐托"的类似制度。"筐"是庇护人，"托"是关联王室的意思，也就是说从缅甸进入到封建文明开始，这类制度就固定下来了。从事各种行业的人都被分类，生产象轿的、养大象的、倾倒象粪的、捕鱼的、理发的、演奏乐器的，都有专门的村子。由于职业都是世袭，所以村子的名字也和职业有关，像鼓手村、陶工村、石匠村、金匠村、筒匠村、猎人村、煮盐村、骑兵村、步兵村等。东吁王朝时期，固定的士兵职业就有国王禁卫军、骑兵、象兵、水兵、步兵、矛兵、盾牌兵等等，又重建了早年蒲甘时期的骑兵组织，之后又增加了炮兵和火枪兵兵种。

所以严格来说，东吁王朝时期虽然没有像后世贡榜王朝那样清晰明确的军事管理机构以及职业军人，但东吁王朝实际上也存在长期从事军事职业的人员，而且数量不少。只不过这些人员平时除了按照自己村子属性训练生产装备外，还得从事耕作，类似明朝的军屯，但他们的身份依然是奴隶，受到王室和奴隶主的管辖。当遇到战争的时候，缅王会把他们编成"团"或"队"，聚集在一起，分配任务，他们之中只有极少数的人可以通过出家为僧或者立下军功摆脱奴隶身份。每次缅王出征获胜后，都会抓来大量的奴隶，包括孟人、掸人、傣族人、老挝人等，这些新抓来的奴隶被叫作"阿台"，国家也会按照他们擅长的技能来划分职业村庄，但这种新划分的农奴不属于封建领主，而是直接属于国王本人。所以每次出征，都是国王扩大自身实力的机会。

东吁王朝在军事方面没有像后世贡榜王朝那样细分出很多武职官位，比如京师卫枪队校尉、勇士骑兵校尉、京都无敌骑兵统领等，但各级军官和主帅也应该有相应的名称（笔者资料有限，没有查到东吁王朝许多将领的官职，所以文章中依然以头目或将领替代）。总之，东吁王朝时期，缅军是能调动大量专业军事人员的，他们并不是一盘散沙的民团，而是有组织、经过训练的军事力量。从这方面看，缅北地区的土司确实不是其对手，在各地援军没有前来的情况下，明朝云南地区面临的军事压力也是比较大的。而且缅军相较于明军还有一个优势，就是士兵都会自带一部分粮草，因为自备粮草、装备本来也是他们服役的一部分内容，所以如果不是特别大规模的兵团作战或者远征，在粮草供应上，缅军不需要像明军那样花更多时间转运筹集。

猛将

在胡心得接连取得几次胜利后，明军在云南算是初步稳住了阵脚。缅军初期的三路进攻虽没有达成目的，但至少也旌旗招展地攻入大明境内了。为了堵住缅军，明朝开始不断往云南增兵派将。接任张居正的首辅张四维上奏万历皇帝，将原本要进入云南府库的二十万两矿克银截留，用来支持明军后勤。云南巡抚刘世曾之前就察觉岳凤图谋不轨，请奏重新设立永昌参将，在永昌地区增加军事驻防。这次他更是直接奏请万历，点名要两个人前来永昌地区对阵缅军，这两人也是江西人，都是当世名将。

参将这个官职在明朝是正三品的武职，属于高级将领里的最低一等。虽然明朝武官地位相对较低，但在关键时刻，武将的作用往往比文官大得多。参将并不是一个固定的职位，需要的时候才设立，类似临时战区司令，地位在总兵、副总兵这种固定一地的军事高级长官之下。

永昌参将是整个滇西地区的最高军事指挥官，这个官职在战时的云南可以说非常重要，刘世曾请来的这个参将也不是一般人，他的名字叫邓子龙。

邓子龙，江西丰城人，自幼习武，熟读兵书，嘉靖三十七年（1558）考中武举，随后就在军中任职下级武官，一路凭借冲锋陷阵屡立战功升任把总。那时候的邓子龙三十出头，锐气正盛，战斗力爆表。

万历年间还是一个小把总的邓子龙，跟随当时的抗倭名将张元勋东征西讨，升任了守备一职。其中有几场战役打得相当精彩，邓子龙潜入深山生擒贼首，连万历皇帝都知道了大明有这样一号猛人武将。有人弹劾邓子龙的时候，万历偏袒邓子龙，让他继续给大明效力。邓子龙也不负皇恩，迅速平定了已经在江西等地闹了三年的李大銮起义。

刘世曾请调邓子龙任永昌参将的时候，邓子龙已经是武定参将了，这算是平级调动。邓子龙历来的作战也主要在山地密林地区，虽气候环境和滇西迥异，但经验是可以借用的。后来的事实证明，刘巡抚的这个请求很正确。

刘世曾请调的另一个将领有一个更响亮的外号，叫"刘大刀"。此人擅长使用重型长杆武器，这正是有"晚明第一猛将"之称的刘綎！

　　刘綎是江西新建人，和邓子龙不一样的是，刘綎的家世背景要好得多。他的父亲刘显在他出生的时候就已经是副总兵职衔了，而且战功显赫，后来更是和戚继光、俞大猷等名将一起大破倭寇，升任左军府都督。

　　刘綎也很争气，不光考取了武科功名，更是跟随父亲在征讨川黔交界地区九丝蛮叛乱的时候立下战功，当上了南京小教场坐营游击一职，还娶了南京兵部尚书张鏊的女儿为妻，可谓是春风得意正当年。可别小看坐营游击这一官职，首先，明朝在中叶之后，慢慢弱化了之前都司的权力，转而偏重营制。各地区的军队按照营为编制，以营兵数量多寡而配以不同职位的军事长官，长官可以有总兵、参将、游击、守备、千总、把总等不同级别的官职任职权。

　　其中驻扎在北京、南京这样的首都级教场的营兵，不仅待遇高，装备也好。驻防部队选拔的军员，不是有关系背景，就是作战能力突出，这些部队经常接受检阅，操练明军各种新式武器，或作为武举考官等等。而坐营游击一职属于管训练兼传达军令的军官，也属于代为镇守的营官，明朝中后期也能直接统兵，是一个肥缺，南京大小教场更是肥缺中的肥缺。所以别看刘綎在级别上比邓子龙小一级，但其身份地位一点不差，甚至可能更好。

刘世曾请调刘綎为腾越游击守备腾冲城，让他在当地招兵买马，防御缅军，算是把刘綎放在了第一线。名义上邓子龙比刘綎的官职大，实际上各不统属，都由云南地方的文官节制。但没想到就这么个安排，日后竟然闹出了大祸，此事后面再详述。

刘世曾的奏报朝廷批准了，而且兵部还特别准许二位将军携带上自己的家丁。这可是大好事。明朝后期最能打的部队都是各地将军的家丁。他们训练精良，作战协调能力好，而且对主帅忠心耿耿。辽东李成梁打仗，死多少明军都不心疼，反正可以再征召，但若是家丁伤亡较大，他就能哭得死去活来，因为他知道，这些家丁才是真正的本钱。在古代，每周能训练三四次武艺、战阵的，就已经算精兵了，大部分的驻军更多的事情是屯田、巡捕和维持地方秩序。因为古代没有真正意义上的警察，靠衙门里那点捕快根本无法维持地方整体治安，所以这些任务也就压在了驻军身上，所以普通士兵能天天操练的不多，但家丁没有这些压力，主子养他们就是为了上阵的，所以要天天操练。明朝后期，但凡家里有条件的将领都蓄养家丁，邓子龙和刘綎也不例外。将领们打下一个地方后，若觉得这个地方的士兵擅长某种技能，便马上收为家丁。这次去滇西作战，朝廷允许带上家丁，打赢后还能征召一些傣族兵，何乐不为。而且刘世曾还把原本朝廷允许他们私自募兵的人数从三千申请到了五千，基本给的是满营编制，二位将军自然是喜出望外，准备大干一场！

除此之外，兵部给事中张鼎思等人也上奏表示应该对投缅土司加以招降，毕竟他们未必真心投靠缅甸，没准明军正式反击了，还能招降他们一起抗缅，同时要求增兵添将。朝廷准了，大明也开始了一系列驻防调度：黔国公沐昌祚从昆明移驻大理洱海；巡抚刘世曾移驻楚雄，并且征召汉兵和土司兵数万，让参政赵睿防守蒙化府；已经稳住阵脚的金腾兵备副使胡心得继续守住腾冲城；陆通宵驻扎赵州（今云南凤仪）；佥事杨际熙守永昌；同时监军副使傅宠、江忻率参将胡大宾等分道进击。同时兵部发觉了云南当地官员在土司承袭制度上的腐败，以及引起土司反叛的吃拿卡要问题，兵部将这些事情一并禀告了万历皇帝。万历非常生气，但考虑到战事要紧，所以暂时没有撤职这些官员，而是让他们戴罪立功。让黔国公沐昌祚立功自赎，按察使魏体明罚俸半年，都司赵琼扣押审查，巡按刘维和胡心得暂时削职为民。同时还让总兵官将腾永地区的军情向朝廷一月一报，紧急情况下半月一报。

明军的反击

在邓子龙、刘綎抵达云南前，明军的反击就已经开始了。此时的明军虽然之前由胡心得带领取得了一些小胜，稳住了阵脚，但滇西边境大部分领土还是被缅军控制着，形成了一种犬牙交错的局面。明军需要四处开花式的接战，拔掉缅军控制的每个区域。明军此次虽然以汉兵为主力，但滇西和云南依然还有一些小土司，土府的土知县、知州没有投降缅甸，所以土司兵数量也不少，可以说是一支混成旅部队。土司兵们熟悉地形及气候，明军擅于火器以及开阔地带的结阵作战，双方的配合可谓相得益彰。

明朝嘉靖之后，虽然部分明军火器有所升级，火炮火枪都有新品种面世，像戚继光这样的人才又能得到重点培养，战斗力有了不少提升，但从全国整体范围来看，依然有很多问题。一个是弹药制作成本上涨，再一个是火器保养不善，工匠大量流失，很多地方营兵的火器都不能很好保存。兵仗局从日本引入的鸟嘴铳、葡萄牙引入的佛朗机炮等火器虽然先进，但并没有大规模装备，所以云南地区的明军大概率装备的还是以前的旧火器，邓子龙和刘綎后面带来的部队装备可能好一些。

一营兵人数不等，装备的火器数目也不等，但通常一百来支是必备的。成化年间后，朝廷规定每队五十五人需要配备十名火枪手，也就是18%左右的配置率。嘉靖年间戚家军练起来后，一营兵三千人左右，营中马、步、车三军所配备的鸟铳手、快枪手等加起来有一千人多一点，占总人数的三分之一，火器配置率很高。不过这是戚家军这种精锐部队的配置，云南的卫所兵达不到这个标准，但每营配备几百支火枪还有火炮还是能保证的，只不过款式老了点。

不过可不要小看这些老款式火器，以明军装备的夹靶枪为例，火枪放完后直接可以当镗钯用，"远程＋近战"的搭配非常适合不方便大规模布排火枪阵的山地丛林战。火枪兵放完枪就可以冲锋接战，敌人根本没有时间反应。另外还有像小竹将军、神雷铳这些散发式火器，功能类似霰弹枪，也有很大威力。云南那种雨林地区，植被茂盛，经过伪装后的傣族、缅族士兵躲在树林里，一时间没法分辨，若他们突然跳窜出来，会给正在行军或集结的明军以致命打击，扰乱部队。而有了这种开花式火器，火枪手不管三七二十一，只要发觉树林或者草丛里有异响，直接一发轰过去，缅军便会被烧出来，效果非常好。缅军虽然也有火枪，但装备数量远远不如明军，所以武器优势还是在明军这边。

明军的火器分为战器、埋器、攻器、守器、陆器、水器，门类繁多，十分发达，后来还发明了连子铳和自生火铳这样的连发火枪，缅军虽然有葡萄牙人直接提供的火器，但在装备没有出现代差的情况下，明军火器的数量和威力让他们在大部分时间里还是只能被动挨打。果然，一接战，缅军和投缅的土司兵就撑不住了，节节败退。

陇川之战，明军兵勇李如兰趁着两军接战时的混乱，看准时机，生擒缅军头目赖真，另一个兵勇周良贵也生擒一人。土司兵们很多都持傣族双刀，白刃战的时候，士兵们因为地形原因很少结阵，都是以松散阵形对敌，双方挥舞兵器罩住自己的身体，然后快速移动突破，以砍中对方躯干为主，极少恋战，所以战场空隙往往很多，但也异常凶险，稍有不慎就会被跃出的士兵飞身砍死，或者被埋身的士兵砍伤脚踝，丧失行动能力。在丛林团战中，若腿上或脚上中刀，往往就意味着丧失战斗力了，因为接下来的行军移动都会受限，伤口还会感染或引来毒蛇毒虫。就在混战中，土司头人放汉就凭借迅速移动的身步斩杀了两名缅军。

喃谷之战，明军土司兵团盏西头目项灭斩杀缅军一人。

鱼刀山之战，傣族土司兵恩中在激战中抓住机会，生擒了投缅的土司头目线乖，同时他所在的土司兵团斩杀敌军二十一级，俘获马匹三匹。明军镇抚张蕴趁势带兵搜索整个鱼刀山，斩杀缅军六人，缴获弓弩、藤牌、长枪十几件。

朋麻之战，守备使李献忠在土司兵小罗姐的配合下，生擒了五名缅军士兵；明军士兵张方等作战异常勇猛，阵斩缅军六人，同时解救了被缅军俘虏的人质六十一人，缴获马、牛等牲畜一百三十余口。

猛淋之战，这是最初被岳凤带兵攻破的地方，是吴继勋和祁维垣等人阵亡之地。千户谭崇带兵生擒了缅军头目波俺、波猛二人，顺利夺回猛淋寨，缴获长枪、马鞍等物品无数。

黑猛弄之战，义勇刘丰连等人生擒缅军三人，斩杀一人。

大蒲窝之战，土县丞杨如榬生擒缅军二人。

卢子山之战，土司兵李八婢等人生擒缅军四人。

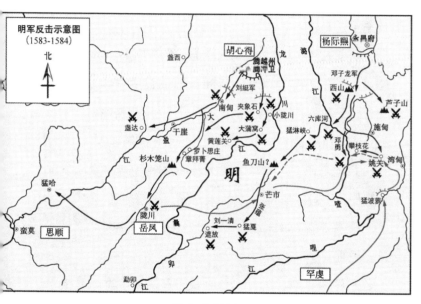

明军反击示意图
（1583-1584）

北

胡心得

杨际熙

永昌府

盏西

腾越州
腾冲卫

龙

潞

邓子龙军

西山

芦子山

刘綖军

江

南甸

夹象石

川

小陇川

六库河

施甸

猛淋峡

攀枝花

湾甸

盏达

千崖

大

黄莲关

大蒲窝

邓勇

杉木笼山

江

罗卜思庄
章拜菁

明

鱼刀山？

姚关

猛哈

盈

芒市

潞

猛波势

蛮莫

思顺

陇川

岳凤

襄

刘一清

遮放

猛戛

嗄

咂

勐卯

卯

江

罕虔

谢信业制图

猛淋峡之战，德昂族、布朗族士兵捧应春等人斩杀缅军一人。

黄连关之战，明军就地招募入伍的募兵赵国正等人生擒缅军三人。

夹象石之战，姚安土同知高金宸继续带领人马到此围堵缅军，生擒缅军二十五人，斩首二十四级，缅军溃败渡江溺死者三百余人，土官高傑等斩杀缅军三人，缅军撤退。

小陇川之战，指挥使周文臣等人斩杀缅军三人。

西山之战，土舍高金等人夺取牙象一头，枪、藤牌十二件。

猛戞之战，镇抚张蕴在鱼刀山获胜后继续带兵攻打此处，斩首二级。

六库河之战，明军士兵周必引生擒缅军士兵波哈等三人。

戞阳之战，罗雄土官者继荣斩杀八人，抓获缅军头目二人，士兵十二人，夺取刀枪二十二件。士兵李应举斩杀两人，土官安素仪斩杀二人，俘虏七人，夺取刀枪六件。土官木遇春擒获缅军一人，斩首一级。六凉州土官资世益斩杀一人，武定火头杨时秀擒获缅军一人，姚州土官高应麒擒获缅军二人，缅军在此地大溃败，淹死江中八百余人，被射杀七十多人。

遮放之战，明军把总刘清一亲自阵斩一人。

自此，明军经历大小二十余战，共斩首一千六百余级，斩杀缅军头目数名。缅军以及投缅的土司兵不得不从遮放、孟定撤出，明军开始陆续收复失地。

不要看这些战斗记录的都是零零碎碎的斩首几个、几十个，就觉得这不算啥，古代作战斩首一般是战后统计，战斗中生死一线间，浪费时间去取对方首级是很危险的事情，所以若不是有明显的斩杀行为，又被战友看到做证，是很难记录下来的，有记录的就证明大家都看到了。而且古代作战，士兵伤亡只要超过十分之一，战线基本就要崩溃，即使是精兵部队，最多也就只能承受大约百分之三十的伤亡，所以明军这些记录基本都是靠谱的。一个斩首记录往往是由几十人杀伤做铺垫，杀伤过百，那就可能是几千人溃败，事后统计斩杀缅军一千六百人，那就很可能是上万缅军的溃败，这样的溃败足以改变整个战局，所以缅军开始撤退也就不足为奇了。明军的反击初战告捷！但从中也可以看出，明朝在云南当地开始征召各种流民、义勇参战了，这也为日后兵变埋下了祸端。（如果按照《万历武功录》的记载，这大小二十余战有很多是发生在邓子龙、刘綎抵达云南后的，而且是兵马集结完毕开始反攻之后，不过几乎可以肯定这些战役是发生在 1583—1584 年间，所以笔者还是采用先打了反击战，然后邓子龙、刘綎二人再组织大反攻的说法。）

驯象卫

缅军退是退了，但这样不代表投缅的土司都重新归顺大明了，更不代表缅军不会卷土重来。缅军退走后，莽应里知道大明已经做好了准备，如果不积极应对的话，刚刚夺回的缅北地区又会重新投向大明。于是，他下令让缅军以及孟养、孟密、蛮莫、陇川的部队在孟卯（今云南瑞丽市）集结，任命岳凤为这路大军的主将。然后又下令车里、八百、孟艮（今缅甸景栋）、木邦的部队在猛炎（今缅甸兴威以北）集结，任命罕虔为主将。两路大军集结完毕后，就准备继续入侵云南，夺回明军收复的区域。

同时，莽应里还做了一件事——屠城。之前我们介绍过，缅甸境内沿着伊洛瓦底江一路分布的城市，有大量的汉人在这里经商乃至定居，其中最著名的是位于江头城

（今缅甸八莫）外的大明街，这里居住着数万来自江西、四川、广东、福建的商人。莽应里担心明军趁势南下进攻缅甸时，大明街的汉人会给明军做内应，所以下令封锁缅军江头城外的大明街，并且大肆抓捕大明街上的汉人，几乎把大明街一扫而空，被抓的汉人被捆送至伊洛瓦底江边，然后被缅军放火活活烧死，惨叫声震天，烧死的尸体顺势落入江中，由于遇难者众多，伊洛瓦底江江水甚至被尸体阻断。

这是缅军的老套路了，缅军的残暴一直是被诟病的，但这也是缅军震慑敌人的方式。大明街被屠后，缅北最大的汉人据点没有了，莽应里不再担心明军有内应，已准备好再次进攻云南。那明军那边有什么举动呢？

当明军反击缅军成功后，邓子龙与刘綎也已经分别抵达云南，开始就地按照命令征召士兵。邓子龙来到云南的时候带有三千人马，朝廷允许他和刘綎各自征召满五千的兵员。刘綎是个实用派，招兵不像戚继光那样专挑良家子，只要是能打仗能砍人的，一概征用，而各类少数民族土司兵，只要觉得有用，也收为家丁，此举虽迅速壮大了队伍，却也为日后埋下了隐患。邓子龙相对谨慎得多，但也要在当地征兵，所以也避免不了一些市井痞子混入队伍中。

不过这不影响两位将军对于局势的判断，尤其是邓子龙，他到云南后主要负责对付罕虔率领的那路缅军，在这之前，他需要做足准备。首先要做的就是找到克制缅军和土司象兵的方法。虽然在明朝开国之初，初代黔国公沐英就以"三段击"打败了麓川地区的象阵而扬名天下，沐王府也把这套战法总结保留了下来，后来三征麓川时期，明军对付麓川王国的象兵可谓得心应手，并不怯阵。但此时已经过去了一百多年，沐王府早已不是当年的那个沐王府，明军，尤其是云南的卫所兵也不是当年的那些士兵了。

经过了一百多年的时间，沐王府的势力已经被限制了许多。虽然沐家在云南还有很多勋庄，有大量庄户，王府内以及昆明还有近万庄兵，有沐府校官、家臣、太监等职位，但权力早已被监军宦官、地方巡抚等遏制，以防止沐家形成地方割据势力。虽然沐氏家族一直对大明忠心耿耿，但毕竟是唯一一位异姓公爵，地位等同于异姓藩王，所以在中央朝廷看来，让沐家在云南有人制衡，也是必需的。

沐王府在云南的权力很大，一定程度上可以代替大明行使外交和军事权力，但从兵力上来说，朝廷的驻军肯定是要远远强过沐王府的庄兵的。而且沐王府的庄兵除了保护沐家整个家族的安全外，还要负责昆明地区的防务，所以轻易调动不了。隆庆朝初期，当时的黔国公沐朝弼因为品行不正，甚至派人到京师刺探情报，引起隆庆帝高度警觉。隆庆帝不但罢掉了沐朝弼的爵位，还让他的儿子沐昌祚继任黔国公，而且只给以前一半的俸禄，以示惩罚。后来沐朝弼还计划刺杀自己的儿子重新夺回权力，但被隆庆帝下令抓入南京诏狱。当时张居正已经开始掌权，本来想给沐朝弼定罪，但碍于沐家开国功臣的地位，只能将他软禁在南京，隆庆皇帝也没有继续追究。

此时的沐王府，可以说已经是大不如前了，邓子龙等人想克制缅军，还是得靠自己练兵。其实明军与云南土司兵配合作战已足够了，土司兵熟悉情况，自己也有象兵，所以之前明军在土司兵的配合下，对付缅军象兵并不难，但这是在熟悉地形环境的情况下，配合明军的火器才有的效果，而且之前的战役，敌军有很多也是投缅的土司兵，缅军的火器以及战象并不是绝对主力。而这次莽应里是下了血本的，莽应龙时期，缅军的战象就已经升级了，象背上已经有了轻型火炮，作战能力大大加强，而且战象也训练得能面对轻度火器进攻而不惊惧。所以明军光靠之前的打法不一定能保证取胜，同时还要考虑到有可能要进入缅甸境内追击敌军，那么就更加需要一套成熟的作战方案。

来自内地或者云南腹地的汉兵，在拥有火器支援的情况下还好，然而一旦火器没有就位，这些士兵一看见战象嘶吼着冲过来就惊惧不已，阵形都不能稳住，如果这个问题不解决，仗就打不好。所以邓子龙反复研究双方之前的战术，寻找克敌之策。

其实明军最早是有象兵配置的，那就是广西的驯象卫。太祖朱元璋时期就已经设立了专门给朝廷捕获大象的部队，但那时候主要是针对用于仪仗而训练的贡象。洪武二十一年（1388），沐英等人在云南平定麓川叛乱，麓川的象兵给明朝留下深刻印象，加上当时交趾以及广西地区都处于不太稳定的状态，所以朱元璋让沐英把俘虏的麓川象奴派发到广西驯象卫，让明军也开始培养象兵。这时候驯象卫已经转变为军事职能，参与明军的一些军事任务，而且人数远超一个卫所规定的五千六百人，达到了两万零一百人之多！其主要任务就是协助南宁和桂林两个卫所的士兵镇守广西，防止广西地区的土司叛乱。

明军征讨安南的时候，驯象卫的士兵也参与了，象兵也在配置中。宣德初年，驯象卫随军征讨交趾，阵亡过半，一直没能恢复元气，但明军后期对于象兵已经有了成熟的克制之法。三征麓川时期，麓川王国的象兵并没有对明军造成多大威胁，所以驯象卫的作战职能也就慢慢退化，变回了最初给朝廷培养礼仪象的职能。当时明朝还把麓川王国首领思机发之弟招赛带到京城，让招赛的随从人员进入驯象所供职。到了嘉靖朝末期，驯象卫从巅峰时期的两万多人缩减到只有三百多人，明军基本取消了象兵这种编制。可悲的是，邓子龙等人到了云南后，居然要重新演练如何破象兵之法，可见明军训练松弛，武备荒废的速度也很快，连曾经熟悉的战法都得重学一遍。

邓子龙所找的克敌之法并不难，他认真梳理了明军的火器，在腾冲的刘綎也做了准备，火笼、火砖、火球、火箭这些基本配置自不在话下。喷桶、雾炮、九龙六龙桶都是散发的装置，可以大面积发射火药，对付已经适应轻度火器的战象，这些火器非常好用，也要配备齐全。但战法上也得跟进，原来那种列好阵发射火器的战法，缅军已经逐渐适应了，战象保护以及散兵冲锋，火枪手配合等战术，都给战象做了掩护，不会轻易给明军列阵开火的机会，所以，搅地龙、飞天网两个战术机关就得做好。简单来说就是挖好坑，盖上木板，装好机关，等敌军踏过的时候开动机关，让敌军陷入地面，行动受限，继而陷入混乱的战法，用来克制象兵是非常有效的，只要把士兵训练好，不要被冲散就行。其余的像地雷炮这些火器，自然是埋伏战的首选武器。

邓子龙等人做好准备，置办好火器装备，就各自联系当地军政官员，商议如何迎击缅军。他认为岳凤的那路人马虽然兵强马壮，但毕竟是在滇西西南角，离明军阵地较远，对整个战局的影响不如罕虔这支部队大。而且腾冲有刘綎镇守，那么自己的主要任务就是对付从耿马进攻的这支缅军，因为一旦缅军再次突破姚关，云南又将陷入东西分裂的状态，但只要击溃了这支缅军，岳凤那边就会孤立无援，收拾他是轻而易举的事。

制定完作战计划后，邓子龙于五月十七日带兵进驻永昌城，他下令打开之前用石头堵死的永昌城门，然后派兵走访调查，知道永昌驻防的明军里，曾有兵痞趁乱盘剥百姓，扰乱民生。为了安定民心，也为了在云南行伍里立威，邓子龙下令将这些兵痞抓了，斩首示众，永昌民心大振。

五月二十日，邓子龙率领部队前往姚关，并对大家立誓："不复三宣诸郡，不擒罕、岳诸夷，不平西南一统，不复入此关。"

赶到姚关后，缅军之前屠杀的百姓、士兵尸体堆在杂草之间，由于时间过去已久，尸体已经变成一堆堆白骨，触目惊心。邓子龙悲愤莫名，召开誓师大会，他拔出宝剑，斩断自己一束头发，让全军将士跟随自己立誓："与汝三千人来八十里，以赤心同死生，虽寇数百万，乌合何足惧！断不共此天！"明军士兵同仇敌忾，纷纷举起手中兵器，表示一定追随将军杀敌，替百姓报仇，邓子龙部士气大振。

明缅双方，四路人马已经摆开阵势，战争一触即发。

第五章

攀枝花大捷

攀枝花大捷

决战三尖山

攀枝花大捷

大明万历十一年（1583）六月，永昌参将邓子龙抵达姚关，开始针对姚关的地形布防，准备迎击进犯的缅军。上一次姚关因为兵力薄弱被缅军攻破，导致顺宁城被残酷屠戮，可以说是明朝的一次重大失误。此次缅军再犯还是走姚关，同样的失误，大明不想犯第二次。

这次进犯姚关的缅军是木邦下属的耿马土司罕虔。和上次一样，他们都是以土司内斗的名义入侵的，罕虔为耿马土司头目之一，因为与另一个头目罕进忠争夺耿马土司位子失败，转而带人投靠缅甸。缅军上次进攻云南，他就是"带路党"之一，打得罕进忠等人逃入永昌，至今没有回耿马。罕虔此次对外宣称自己只是请缅军帮助夺回属于自己的位子，从而进攻姚关的。

同样的做法之前岳凤等人也用过，这种低级障眼法第一次用可能管用，第二次还这么用，除非明朝真的瞎了。缅军历来狡猾，打得过的时候就打，打不过的时候，经常会用使臣出使搞诈降，延缓明朝进军。边地土司也有样学样，不挑破进攻大明的真实目的，也是为自己将来留个后路，反正失败了就咬死说自己本来就是内斗，没准儿还可以处罚得轻一点。

当时姚关的官员可能是因为之前被缅军屠城吓到了，也可能是怕明军走后招来报复，所以跟邓子龙说，干脆我们把罕进忠抓了，送回去给罕虔，这样缅军就能退兵，反正土司仇杀不是一天两天了，平息兵端不是更好吗？邓子龙一听就怒了，他坚决反对这种行为。之前思个就是这样被害死的，如果明廷当时履行约定出兵，莽应里现在只怕还陷在皇位争夺的战争中，哪里会派兵北上入侵云南？西南边疆的绥靖已经够了！

邓子龙对大家说道："如果把罕进忠送给缅军，那缅军下一步要大理可以给吗？接着要云南府也可以给吗？头可断，罕进忠绝对不给！堂堂大明，不能保护内奔者，何以威远？！"明朝正是因为多次不能妥善处理前来投奔的土司，才导致西南边疆不稳，但至少这一次，在邓子龙这里，他管定了！

接下来，邓子龙严格制定作战计划，部署防务。他分析了之前缅军进攻的路线、战法，预想了可能出现的情况并进行了埋伏设置等等，最终他把部队分为了四部，分别驻防在姚关辖区的各处。姚关的地理位置扼守在怒江东岸险要处，是过江后进入云南腹地的第一站。打下姚关后，往北可以拿下永昌、大理，往东可以一路打到昆明，其地理位置十分重要。而且如果缅军北上用船运兵，最适合投送的区域也是潞江在这里的拐弯处——勐波罗河，从这里下船后距姚关城只有二三十里，大军一天之内就可以抵达。而姚关辖区基本都是高山丛林，中间夹杂着一些山谷与河谷，邓子龙就把部队驻扎在了这类地区。

邓子龙的布防是这样的：在姚关内修建大营、烽火台，加固姚关本身的防御；指派随同监军的云南澄江知府肖世主持修建城墙，计划是将整个隘口与东西两山连为一体，形成一个庞大的城防体系，城堡为长方形，东西间隔900米，南北400米，城墙以粘土夯实，总长度在2.6公里左右，墙体厚10米、高6米，缅军的炮火是无论如何都轰不开的。为了加固防御，邓子龙还下令在城墙外修建壕沟，东西两山修建哨楼，南北设吊桥控制行人，城内设立镇姚千户所，驻马步兵丁890人。这样的防御体系建成后，应对缅军入侵是绰绰有余，但可惜得耗费数年之功，眼下缅军入侵在即，只能先把城墙建好。

同时邓子龙派把总陈信率前锋部队扎营于关外；吴

松、范进、胥潮、余胜等率部策应陈信，在姚关内外构建主要防线；另外，以邹良臣部为左军，驻军摆跨（今属云南普洱市墨江哈尼族自治县），叶武等率军策应；以杜亮部为右军，驻军茨竹坪（今属云南普洱市思茅港镇），千户万邦宪率军策应；同时派邓勇率一支偏师绕到勐波罗河河岸处，截断缅军退路；下令所有守军，如果敌军到达，不要接战，马上退走，姚关内外都是邓子龙布防的军营，军粮都屯放在关外的锡窝营（施甸旧城）、猛堆营（镇康县属）、勐波罗营（昌宁旧猛菠萝寨）等处，放眼望去星罗棋布，连成一片。

邓子龙的这个布防使明军形成了犄角之势，即茨竹坪、摆跨、关口形成了一个三角形的防区，互相可以策应，把缅军过江登陆后北上的路都阻断了。周边地区要么是山，要么就是密林，缅军没办法展开阵形，只能分散兵力。同时，邓子龙还在姚关外围东、南、西三面与卡斯、上湾甸、下湾甸、旧城、酒房相连的五条通道上修建了大关、小关、里骚关、芭蕉关和刺竹关五个关卡，这些前沿哨卡都设立在山梁隘口之上，为长方形或半圆形，关前有护壕，关后有关楼，关内有吊桥通道，关楼上有炮台、烽火隧等设施，可以报信也可以阻击敌军。其中姚关东南处的大关（今姚关镇大岭岗村以西）最为坚固，半圆形的大关口，设施齐全，是防御缅军的重要阵地。看到大明做好了防御，投缅的湾甸土司景宗真有点坐不住了，加上罕虔又是自己的岳父，所以他想先来打探情报。

对于这位"带路党"，邓子龙早已心中有数，只是景宗真自己还不知道，以为邓子龙和之前的明朝守将一样，可以靠忽悠过关。本来罕虔这路缅军，计划等景宗真像上次一样打通内应后，和景宗真在姚关会合，然后继续进攻施甸，之后直接攻打永昌城。所以景宗真便假装投降，前来求见邓子龙。

一开始，姚关的将领、官员都劝邓子龙说景宗真就是个奸细，留不得，但邓子龙不予理睬，他准备将计就计。景宗真进入姚关的时候，正好看见了城外各营堆放的粮草杂乱无章，看管也不严，而这一切正是邓子龙要求布置的。果然，景宗真一见到邓子龙，邓子龙就激动地请景宗真留下，并且纳为心腹，说终于有了解缅军的自己人出现了，下令不限制景宗真出入各营，让景宗真出谋划策，商讨如何破缅。

实际上，邓子龙已经密令各营做好准备，让士兵在景宗真观察的时候露出破绽。而景宗真对这一切毫不知情，以为邓子龙真的信任了自己。他走访各处后得出结论，邓子龙的大军立足未稳，云南各地的兵马还在集结中，现下正是有机可乘之时，便秘密派人联络缅军速来攻打。邓子龙的斥候每天都往返于前线各处打探消息，有时候一天能来报告几次军情，当越来越多的情报显示缅军已经开拔的时候，邓子龙知道该收网了。

于是邓子龙找来景宗真，装作非常忧虑地说，他的部队很怕缅军的象兵，这些内地汉兵没见过大象，一听大象嘶叫就开始惧怕，看见全副武装的象兵冲过来就想跑，火枪都端不稳，很是让他头疼。自己思来想去，听说大象怕火，所以想用红色的灯笼来吓唬大象。同时邓子龙还带着景宗真前往姚关往南十几公里的松坡山驻营，并且每日让士兵砍伐竹子。景宗真好奇地问邓子龙这是为何？邓子龙解释说，砍掉这些竹子是方便士兵下河给军营取水，节省路程。景宗真听完，内心盘算了下，松坡到姚关城内路途虽然不远，但道路曲折难行，部队需要三日才能抵达。在这段时间内，如果缅军加快速度行军，那么是能在邓子龙返回前拿下姚关的，缅军原计划十一月初三拿下施甸、初六攻破永昌城的计划也是能够完成的。

果然，景宗真一抵达松坡营地，就对邓子龙说要去查看地形，联络下附近土司头目，邓子龙知道景宗真上当了，爽快地答应了。他让士兵把砍伐下来的竹子做成竹筏，自己从西山小路赶到潞江支流小河边，乘坐竹筏返回，一个昼夜的时间就赶回了姚关（笔者查过地图，可能河流后来改道，姚关附近的潞江支流现在已经不见了）。缅军收到景宗真的消息后，立马派出了斥候翻越山林潜入姚关附近侦查，发现姚关关前各营寨防备松懈，工事不整，而且还堆放着大批粮草，斥候认为邓子龙已经率部前往松坡，于是迅速赶回缅军阵地，通知缅军赶快进攻！

十一月初二，缅军在勐波罗河岸登陆，初三日凌晨，缅军星夜兼程抵达姚关关前的旧城区域。邓子龙早已下令让大关前扎营的把总陈信偃旗息鼓，坚守不出，同时阵前早有明军挖好的壕沟，壕沟内还有木刺机关，专门克制缅军的象兵冲关。所以缅军和明军形成了一个你不出关、我也无法冲关的僵持局面，这种局面一直持续到日落时分。关外缅军各种画满野兽、神像的旗帜以及土司们的花纹旗密密麻麻地连成一片，甚是壮观。然而由于要抢占先机冲关而仓促行军，导致缅军携带的粮草不多，坚持到这个时候，缅军已经处于断粮断水的饥渴状态了。

邓子龙此时已经坐镇关内，关外扎营的伏兵也已就绪，左路由赵凤翔、杨鹏翔率领，右路由陈韬、张光胤率领。

突然之间，邓子龙一声令下，战鼓雷鸣，明军关门大开，邓子龙率先带兵出击！同时左右两路伏兵举起大旗，杀声震天地冲了出来，明军的火器齐发，照得阵地前一片火色。明军所用的火龙是龙头造型，身上带着火箭，点燃后会身着烈焰飞出去，如果大规模发射，看上去会非常吓人，尤其对动物会造成很大惊吓。缅军的几个头目身着红色战衣，护肩是火焰造型，头上戴的罗摩指造型的帽子也非常显眼，原本还坐在象背的椅子上观望明军工事，结果被突然冲出来的明军吓了一跳，刚准备给象奴传令，让其用旗子给部队打信号，通知缅军士兵做好防御，结果就遇上明军火器齐发，战象纷纷被射中！明军这种满天星式的火器，战象完全没有见过，一时间受到了惊吓，开始四处乱窜，嘶叫着踩踏自己的部队。几个缅军头目登时就从象背上掉落下去，失去指挥的缅军随即陷入了混乱之中。

又是"嗖嗖"的一阵声音，这次换成了明军潜伏的弩手齐发弩箭，剩下的战象背上的缅军头目以及象奴纷纷被射杀，缅军彻底陷入群龙无首的状态中。明军左右冲出的伏兵已经掩杀过来，饿了一天的缅军本已受到惊吓，一接战就溃

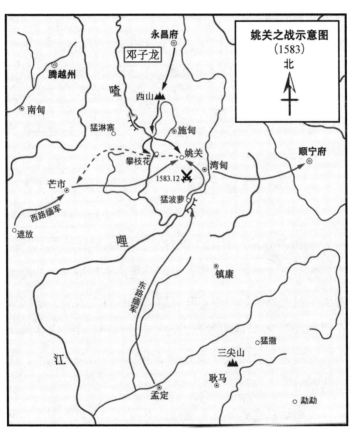

谢信业制图

散了。邓子龙等人率军猛烈砍杀，斩首千余级，尸首遍布山野。溃散的缅军来不及逃跑，直接从大关外的草坡滚下山去，草坡的草全部被压平。此后，当地人就把此处改名为"偃草坡"。至今，关前的偃草坡上，仍可见到当年大战的许多遗迹。

溃败的缅军一路往潞江方向奔逃，希望赶紧渡江逃命。邓子龙没有给他们这个机会，明军马不停蹄地展开追击，从大关区域一路追赶缅军，终于在攀枝花村追上了缅军。这时候天已经黑透，明军顾不上夜晚视野受限以及缅军善于山林作战的优势，亮起火把与缅军展开夜战！此时，缅军已经是穷途末路，人困马乏，本想拼死一战绝地求生，但无奈早已被明军吓破胆，又被打得大败。景宗真在混战中被明军乱箭射死，这个奸细得到了他应有的下场；岳凤之子曩乌也在混战中受伤，但因为熟悉地形，得以逃走。

残余缅军逃到潞江支流勐波罗河处才发现，明军邓勇部早已沿着勐波罗河把缅军用于过江的桥梁摧毁。缅军没办法过江，纷纷跳入江中，尸体像蚂蚁一样漂浮于江面。夜晚中，江水看上去都变成了黑色。此战明军大败缅军，阵斩景宗真，生擒景宗真之弟景宗才，邓子龙对缅第一战一战成名！邓子龙为此战赋诗"攀枝花鸟惊遗镞，偃草坡猿泣败骸"，史称攀枝花大捷。

决战三尖山

攀枝花大捷，极大提升了明朝在滇西地区的威望，曾经动过投缅念头的大小土司纷纷表忠心，表示自己绝不敢背叛大明。邓子龙随即发布《约束土司檄》，声明姚关一战，景宗真等人已经覆灭，尔等当建功立业，为国尽忠。同时对之前投靠过缅甸的土司网开一面，希望他们戴罪立功，将功赎罪。他们可以给明军提供粮草，派兵增援，也可以给明军刺探情报，充当间谍卧底，离间缅军，刺杀其将领；或者派兵拦截缅军，与明军互为犄角，互相支援；又或者为明军架桥铺路、埋伏敌人等等，如此朝廷必有重赏，加官晋爵不在话下！但如果冥顽不灵，依然投靠缅甸，那便"灭尔封土，歼尔族类，俾无遗育，必不尔赦"！檄文传遍附近诸土司，邓子龙声威大震。

不过邓子龙虽然击溃了西路缅军，但云南兵危依然存在。罕虔本人率领的部队就留了一手，没有着急进攻，而是留下来策应。西路的缅军溃败后，他更警觉了。邓子龙也料到了这一点，他对部下说："西边的缅贼已经败走，东边的还在，景宗真虽然阵亡，但首领罕虔还在，得想办法拿下他。"邓子龙让手下把景宗才带来，对景宗才说，你去告诉罕虔，说这次他率军前来本来是为了罕进忠，如果他能够息兵，我就把罕进忠绑了，送还给他，同时奏请朝廷，加封其为宣慰使。

景宗才当然不信，但家人都被扣在邓子龙手里，他只得将原话转告罕虔。罕虔当然也不信，但后来听说邓子龙已经将罕进忠绑在姚关大营辕门了，所以将信将疑地让自己的儿子召罕率领一支部队先去探查虚实，自己则带领剩下的缅军象兵、马兵以及土司兵往湾甸进发。邓子龙的计策还是起效果了，万历十二年（1584）正月二十日，罕虔的人马抵达姚关附近的坝尾地区，邓子龙的伏兵早已等候多时，等罕虔人马一到，一齐杀出，杀声震天，火器四射而下，缅军象兵惊惧而逃，罕虔军溃败，明军生擒罕虔，斩首八百余级，俘获战象、马匹无数。

明军二连胜，而且抓获了罕虔这个贼首。此时刚过完年，邓子龙决定暂时休兵，好好犒劳大家一番。邓子龙在姚关清平洞烹象设宴，招待各军将士，也算是让士兵们尝尝鲜。傣族、缅族等驯象民族一般是不吃大象的，但象拔是一道名菜，也是珍贵药材，所以邓子龙烹象招待大家是很有可能的，他当时一共擒获了二十二头大象。邓子龙随后立"烹象处"三字碑，今天仍然在姚关清平洞竖立着，纪念他破缅军象阵的功绩。

罕虔被擒后，他的儿子召罕闻讯赶忙撤军，退回耿马土司城内，集结境内的八德、猛库、猛猛、猛混诸土司兵马，设寨防御明军。之前邓子龙把除了罕虔本部外的耿马士兵全部放回，假装退兵，借此迷惑召罕。耿马的土司兵看到自己人都放回来了，于是防御开始松懈。邓子龙随即派邹良臣率军突击，渡过潞江，从孟定佯攻耿马土司城。召罕布防的土司兵怕老巢被端，赶紧从前线撤回前去救援，加上之前明军已经大破缅军，各路土司也不愿意过多抵抗，所以耿马一带的防线很快就被攻破。召罕见状，只好带兵退守城外西北二十多里处的三尖山高地。他之前已经把家眷送到此处，因为此地地势险要，山路异常险峻，悬崖峭壁之上还有用水储备，易守难攻，如果没有熟悉地形的人带路，根本攻不上来。

邓子龙这时把部队分为三部分，罕进忠带土司兵一部守住江边，以防敌人逃窜；猛效忠带土司兵一部前往孟连，堵住敌军去路；把总陈信带一路明军在三尖山前驻扎，随时准备攻山。

召罕退守三尖山后，神态自若地对山下邓子龙军喊话，让明军早点投降，认为明军就算长了翅膀也飞不上山来。要说召罕敢挑衅邓子龙也不是心智失常，而是确有准备的。滇西的山林茂密，山地环境复杂，在不熟悉地形的情况下进山作战是很困难的，敌军只需要在一些关键处设立伏兵，特别是部署弩兵，便可起到一夫当关、万夫莫开的效果。丛林山地战，特别强调隐蔽，你很难发现对方，对方便可以形成各处开花的夹击之势，"嗖"地一弩，等你听见声响的时候基本已经中箭了，顺势滚下山还可能带走几个战友一起滚下。而且虽然敌方装填弩箭需要时间，但山地作战的话，己方一般无法利用这个时间差冲锋或者还击，山地地形延缓了冲锋时间，有经验的弩手还会交替射击以减少时间差，所以弩手一般都是在守城和有防御工事的时候使用。如果是山上埋伏了几百弩手，只要箭支充足，且有足够的食物和水，那来再多的人也不怕。

召罕依仗的恰恰就是这些弩手。滇西、缅北、泰北的人民使用弩是有传统的，因为打猎需要，且气候潮湿炎热，不利于弓箭保养，弩相对来说要耐用得多。其中最擅长用弩的，还得属蒲人，也就是今天的布朗族和德昂族，他们习惯在弩箭上涂上自制的毒液，让敌人中箭后无法医治。召罕就是让其叔父罕老率领雇佣的五百名蒲人弩手守住了三尖山各险要之处，一时间，邓子龙也束手无策，不敢强行登山进攻。

蒲人驻守之处，有条小道可以从西面登上后山一处叫锡展的地方，那里是召罕在山上的老巢。邓子龙打听到这些蒲人是耿马土司雇佣的，并不是耿马自己的傣族兵，于是秘密派人给蒲人送去银两，希望能让蒲人告知小路在何处。果然，蒲人弩手们一收到银子，马上就把召罕出卖了，向明军透露了耿马土司兵在山上的布防情况。买通最难搞定的弩手后，邓子龙放心了许多，他马上布置人马，准备攻山。

邓子龙命令裨将邓勇、吴松等带领北胜、浪渠和姚安的土司兵，组成骁勇营，在夜间攀藤上山。知道了路线后，这些山地土司兵背着双刀熟练地往山上攀去。登上山后，迅速潜伏在召罕山顶营地的小山后面，等待天亮明军发出信号，一起攻杀召罕。当天边曙光乍现，邓子龙军擂鼓声突然响起，明军开始从正面攻山！

召罕大惊失色，迅速组织抵抗。他们斩断设好的防御

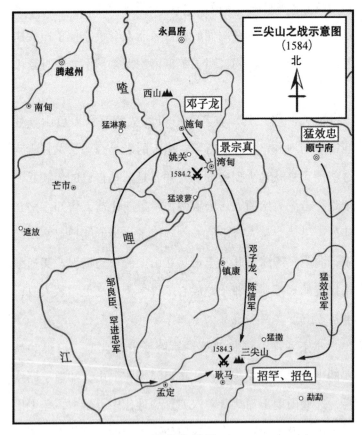

谢信业制图

工事，滚木礌石呼啸着往山下砸去。明军猝不及防，被砸死二十多人，进攻一度受阻。邓子龙随即下令明军开炮，给后山邓勇的伏兵发信号，看到信号，邓勇率伏兵杀出，召罕等人被杀了个措手不及。召罕的部队也携带了火龙等火器，一时间火龙齐发，想逼退明军。而山前的邓子龙部也将各种火器往山上齐射，召罕部象马受惊，四处逃窜，士兵坠崖者无数。这时邓勇率军一拥而上，擒住召罕，随后邓子龙也率军赶到，擒获召色、罕老等头目38人，士兵百余人。此战明军斩首519级，俘获象12头、马34匹、兵器190余件。邓子龙军三战三捷！扫平耿马叛军，威震诸土司，明军军威大振。

听到消息的罕虔在囚车中自杀身亡，滇西边疆投缅的土司也被邓子龙消灭了，各路土司无不拜服。重新夺回耿马土司位子的罕进忠事后更是下定决心，从此一定要忠于明朝。此后秉承祖训，一直以"朝廷命官"自居。

缅军如今只剩下了岳凤一部，势单力孤。邓子龙可谓是明缅战争拿下第一功的人，那么，刘綖呢？

第六章

恢复三宣，岳凤伏诛

三宣恢复

大明最强把总与岳凤伏诛

三宣恢复

刘綎没有闲着。他和邓子龙虽然都是江西老乡，但一起出征在外，互相竞争是不可避免的。不过，他那边的事情要顺利得多，因为岳凤已经开始动摇了。自从邓子龙、刘綎到达云南后，他就动摇了。作为一个江西人，虽然已在陇川定居多年，但对于内地的关系和信息，他一直都有收集，也完全了解邓子龙和刘綎是何许人也。

其实岳凤心里一直有个坎儿，就是无论他再怎么努力，也不能成为陇川宣抚使。据史料记载，岳凤已经和当时的傣族人一样，满身都是各种动物和经文的纹身，而且他还很好色，模仿缅甸的某些习惯，在自己的阳具上装了几个铜铃，认为这可以壮阳。但他始终是汉人，是汉人就不能当宣抚使，除非像大明播州的杨应龙家族一样，已经在当地几百年了（且是不是汉人还有待考证）。

宣抚司内部的官职体系，首先是宣抚使，然后是总管、副总管，再之后是掌管礼仪、武器、税收、朝贡的一级家臣，然后是管理象、马以及文件的二级家臣，最后则是一些管理祭祀用品和传达信息的三级家臣。这些都要求是族官才能担任，而族官按照威望和资历分为孟、准、印三个等级。岳凤当年任职的记室是二级家臣，虽然他通过入赘乃至谋杀成了陇川的总管，是实际控制人，但在大明认定的体系中，他依然不能当宣抚使。而且就算是宣抚司的总管职位，也在"正印"和"护印"之下，因为你毕竟不是傣族人，所以他拿了缅甸给予的缅书和印信，想做缅甸的土司。他的儿子叫曩乌，这已经是傣族名字，完全傣化了，他的儿子如果继位的话，位子就要稳固得多。

之前岳凤得势的时候，大理邓川州土官阿钰也是前任陇川土司多士宁的女婿，他派人建议岳凤干脆设计擒莽应里，投降大明算了，毕竟大家都知道，大明若真动起手来，区区三宣地区是抵挡不住的。但阿钰显然太看得起岳凤了，就岳凤这点本事，当个"带路党"没问题，但让他去抓莽应里，还不如让他直接去送死。而且当时的岳凤哪里听得进去，直接派人抓了阿钰派来的使臣，扭送缅甸，不惜出卖自己朋友以表对于缅甸的忠心。

不过现在的岳凤确实想投降了，他不傻，知道明朝玩儿真格的后果。阿钰也劝说过岳凤，说南甸投缅的土司刀落参都被阵斩了，还是投降为妙。所以万历十一年

（1583）七月，岳凤派遣自己的侄子岳亨前往永昌地区刘綎大营，商谈投降一事。

刘綎见岳凤有意投诚，就让岳亨把朝廷的招抚政策传达给岳凤，然后继续备兵。十一月，邓子龙攀枝花大捷，刘綎也同时出兵直抵陇川境内。岳凤开始慌了，这次他直接派遣了自己的妻子刀氏、小儿子喃歇和大头目陇汉等96人到刘綎军中请降，但自己依然屯兵在陇川土司城和遮放一带，以做最坏打算。

刘綎这次看岳凤下了血本，老婆孩子都送来了，于是提出五个条件：1. 斩缅甸陪臣。通常缅甸占领一个地方后，很少直接统治该地，缅族不太爱大规模离开自己的核心区域，但会派军事将领和专门联系土司的官员（索巴）驻扎该地。东吁王朝赐给土司仪仗、印信与封号，土司需要给缅甸交税，服从缅王的军事调度。所以刘綎让岳凤杀掉缅甸派驻陇川地区的官员，是投降的第一条件。2. 追还干崖宣抚司罕氏的印信。之前岳凤侵略干崖土司，把嫁到干崖成为土司夫人的木邦罕拔之妹罕氏和印信都抢回了陇川。3. 交出缅甸给的印信。4. 交还掳走的人口。5. 招降蛮莫、孟密等土司。

刘綎提出这五条要求如果岳凤都能做到，那证明岳凤是真心投降了。刘綎给出的期限是五天，但对于岳凤来说很困难，他毕竟只想自保，稳住自己在陇川的地位。若杀了缅甸官员，缅甸不会善罢甘休，招降孟密等土司，孟密也不会听自己的，所以岳凤只满足了刘綎的两个条件，交还了缅甸给予的印信一颗，然后送来了18个缅军俘虏、一头象、五匹马。刘綎当然不会接受这个条件，所以继续整兵，准备进攻陇川。

这时候在攀枝花一战中负伤逃走的曩乌带残兵逃回了陇川，岳凤看见自己大儿子如此惨败，更加明白明军这次来者不善且实力雄厚。邓子龙已经很厉害了，刘綎也是名将，真要收拾自己那是轻而易举。于是他不顾曩乌有伤在身，让曩乌亲自把干崖罕氏和明朝给的金牌、敕书以及缅甸的象、马一起交给刘綎，但是，依然没有杀缅甸陪臣。但这也算进步了，毕竟真让他和缅甸翻脸，他还是有所畏惧的。

云南巡抚刘世曾知道后，表示可以上书朝廷，特赦岳凤，让岳凤去招降各路土司。消息传到岳凤那里，他以为自己可以免罪了，大明好像又被他拿捏了节奏，于是对于投降，他又变得不那么积极了。但刘綎这边只看岳凤有没有杀缅甸官员，如果没有杀，那证明缅军还是有人在陇

川。既然敌军还有人驻扎，那就证明岳凤只想行缓兵之
计。金腾兵备副使傅宠随即下令刘綎进攻陇川。

十一月二十六日，刘綎誓师，宣称自己要把岳凤的妻
子、儿子送回陇川。之后他迅速派兵驰往沙木笼山（今云
南陇川县东北）地区，守住险要处，自己则率军突进陇川
土司城。岳凤慌乱中知道明军已经开始合围，儿子曩乌等
人也在刘綎手中。他孤立无援，所以干脆率众打开城门。
万历十二年（1584）正月岳凤前往陇川郊外迎接刘綎，率
众归降。

刘綎大军行进到腊底时，斥候抓获了一个陇川的间
谍，得知缅军驻扎陇川的将领散夺已经骑象逃走了，目前
只留下几十个缅兵留守陇川城内。刘綎赶紧分兵，一路去
追散夺，自己则率另一路围攻陇川城。岳凤这时候已经给
明军做内应了。城内的缅军四散突围，刘綎打马向前，疾
驰而上，一把就擒获了为首的头目。明军一拥而上，人数
本就不多的缅军全部被俘，一同缴获的还有缅书、缅碗、
缅银、缅伞、缅服、象牙、盔甲、刀枪、马鞍等物品。

夺回陇川之后，岳凤告诉刘綎，明军没能追上的缅将
散夺已经在猛脸（蛮莫南部）地区重新纠结兵力，准备再
次进犯。刘綎得知后，没有停留，率军从陇川出发，展开

两昼夜的急行军，前往猛脸突袭缅军！

当时邓子龙已经取得连胜，刘𬘩可不想落后于这个老乡。所以当他的部队异常迅速地赶到猛脸的莽璧时，散夺等人吓了一跳，根本没想到明军会来得这么快。还没等结阵，刘𬘩就开始进攻了，此时缅军想突围已经来不及了，只能仓促应战。

仓皇接战的缅军并没有什么战斗意志，一接战就溃败了。此战明军斩首85级，生擒散夺在内的缅军632人，象、马16头，缅衣等无数。刘𬘩完成了到云南后的第一战，不过相对于邓子龙的三战三捷，刘𬘩打得很不过瘾，所以他仍寻机待发，准备再立新功。

蛮莫土司思顺投缅有一段时间了，听说岳凤投降了明军，随即派人通知东吁王朝及缅北各路土司，准备集结兵力进攻陇川。这些缅北土司此时还觉得莽应里比大明更值得投靠，至少还是想试一试，但不等思顺行动，刘𬘩的大军已经赶回陇川了，他让岳凤父子带上陇川土司兵，配合自己的明军三路进军蛮莫土司城，思顺抵挡不住，只得派人送出牙象三头、古剌锦二纯、琥珀二函，表示投降大明。刘𬘩同样开出了类似陇川的五个投降条件，蛮莫土司都做到了，就这样，蛮莫也被刘𬘩收复。

刘綎的下一个目标是孟养。思个事件后，孟养被迫投靠了缅甸，但在明军几次击溃缅军后，孟养也产生了动摇，刘綎大军一到，孟养此时的土司思义就率部归顺明朝了。缅北诸部听闻战斗力最强的孟养都投降大明了，纷纷请降，孟密思忠带头献上缅甸给的印信，表示自己还是忠于大明，感谢大明开府之恩。而木邦土司罕凤比较着急，毕竟一开始缅军能顺利进攻大明有他一部分原因，是他带兵袭击陇川在先，让岳凤上位成功。耿马等地也是他的辖区，这些地方投缅后又被明军击溃，自己难辞其咎，所以罕凤见状，不等刘綎下令，就让手下把留守这里的缅将逮捕，木邦土司兵四处捕杀境内的缅军，斩杀缅军千余人，以此向大明请降。

就这样，刘綎可以说是兵不血刃地收复了孟养、孟密、木邦三大土司，明朝也重新立原陇川土司多士宁一族多思顺为陇川宣抚使，思忠为孟密安抚使，思化为土同知，耿马罕进忠之子罕钦为木邦宣慰使，缅北诸部基本平定。然而刘綎没有停下脚步，他继续南下，直捣缅甸重镇阿瓦（今缅甸曼德勒市），以求给东吁王朝一记重拳，让其不敢再犯。

刘綎整顿兵马后，从陇川出发，前往孟密，再从孟密一路南下，准备率军直抵缅甸阿瓦城下。需要说明的是，很多人会把刘綖此次南下阿瓦与后世清缅战争时期清军南下阿瓦做对比，认为明军当时的后勤条件以及人马数量不足以完成这个任务，其实这里有一个误区。

首先，蒲甘王朝之后，缅甸处于一个四分五裂的状态。东吁王朝崛起初期，阿瓦地区依然在孟养控制之下，在傣族南下攻占阿瓦之前，阿瓦还单独做过明朝的"缅甸宣慰司"，被傣族攻陷变成傀儡王国后，东吁王朝才在缅甸南部地区崛起，然后出兵攻打阿瓦，阿瓦王朝于1555年（嘉靖三十四年）被东吁王朝攻灭，那时候阿瓦才真正意义上再次统一在东吁王朝旗下，算缅甸北方的大诸侯。

嘉靖三十四年离刘綖出兵南下的万历十一年（1583）过去了也才不到三十年，时间很短。加上莽应龙是以"宗教+战争"的模式统一缅甸各地，莽应里则是继承了莽应龙的策略，并且以军事征服为主。缅甸国内很多矛盾没有解决，连年征战导致国库亏空，民众疲乏，所以缅甸各地诸侯的效忠程度并不可靠。而东吁王朝定都的汉达瓦底（今缅甸勃固市）离阿瓦差不多有480多公里，路途遥远，说阿瓦是东吁王朝的核心区域，其实名不副实。

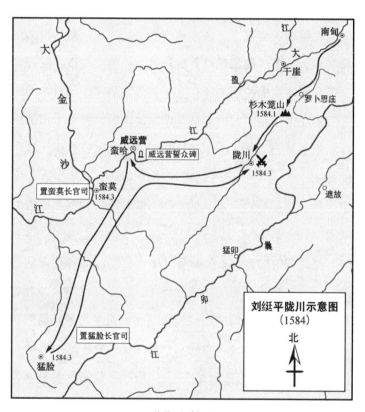

大金沙江

大盈江

卯江

江

南甸

大崖

罗卜思庄

杉木笼山
1584.1

威远营
蛮哈

威远营誓众碑

陇川
1584.3

遮放

置蛮莫长官司

蛮莫
1584.3

猛卯

曩

置猛脸长官司

猛脸
1584.3

刘綎平陇川示意图
（1584）

北

谢信业制图

再有，孟密、木邦这些土司当时已经投向大明，从孟密南下去阿瓦，只有一百多公里，路程更近，明军在有当地土司带路的情况下，很容易就能抵达阿瓦。而后世的清朝则不然，当时缅甸已经是贡榜王朝，首都就设在阿瓦，对于北部地区的控制力比东吁王朝强太多了。而且，明末之后缅北土司基本归顺缅甸，清军南下时，各地土司都执行缅王坚壁清野的命令，配合缅军阻扰清军，所以清军统帅明瑞才会在抵达阿瓦前断粮。但刘綎不存在这个问题，他一路都是顺风顺水的，能很顺利地抵达阿瓦的势力范围。

阿瓦此时的诸侯王是莽著（也作莽灼），是莽应龙的弟弟。对于自己哥哥把王位传给侄子莽应里这件事，莽著心里是不舒服的。缅甸的王位继承制和中南半岛各国类似，并不一定是父子相传。莽应龙一生拥有王后3位，嫔妃44位，生育王子38人，公主59人。东吁王朝实行的是一夫多妻制，包括血缘群婚、姐妹婚、收继婚在内的多种婚姻形式共存，近亲繁殖多，所以有王室血统、能继承王位的人很多，竞争激烈。

国内多个诸侯都是名义上臣服君主，实际上实行割据统治。各国君主实际控制范围都只是首都地区，然后派一

个亲信重兵把守军事要地，其余的地区都是高度自治。比
如暹罗国当时的大城王都和彭世洛城，澜沧王国的琅勃拉
邦与万象等，都是如此。但这也有一个隐患，就是亲信如
果和国王有矛盾，那很可能就会自立。恰巧，此时的阿瓦
王莽著就是因为与自己侄子的矛盾，不想再臣服于侄子莽
应里，准备投靠大明自立。

皇室间叔侄反目，这样的剧情大明应不陌生。此时刘
綎顾不上这么多，他率军抵达阿瓦地区后，派出使臣劝降
莽著，同时也是支援他。莽著本来也不想打，直接答应投
靠大明，重新做回缅甸宣慰司。刘綎目的达成，随即班师
回朝。其实刘綎的这个做法还有一个深远的打算，当时莽
应里征召的各路诸侯援军知道阿瓦王叛乱后，其实心态是
有变化的，大家都在观望阿瓦王的反叛结果，如果成功，
那么莽应里靠军事联盟和战争强行统一起来的疆域就会分
崩离析，刘綎这时候出兵支援阿瓦王，实际上是促成了东
吁王朝的进一步分裂。

相较于邓子龙的三战三捷，刘綎深入敌境数百里，收
复了明朝诸多失地，这功劳也算平分秋色了。万历十二年
（1584）初，刘綎从阿瓦回到了蛮莫驻扎。二月十一日，
刘綎在威远营集结了孟养、孟密、木邦、陇川等土司，模

仿当年三征麓川后王骥大将军立碑的范式，与诸土司筑坛誓盟，刻下石碑，碑铭为：

> 大明征西将军刘，筑坛誓众于此。誓曰：六慰拓开，三宣恢复。诸夷格心，永远贡赋。洗甲金沙，藏刀鬼窟。不纵不擒，南人自服。
>
> 威远营受誓：孟养宣慰司，木邦宣慰司，孟密安抚司，陇川宣抚司。
>
> 万历十二年二月二十一日立。

大明最强把总与岳凤伏诛

邓子龙、刘綎二人收复了明朝的所有失地，朝廷封赏二将，升副总兵职衔，晋爵二级，各赏白金三十两、绸缎三表里。然而，有一个人的处理结果还没有出来，这个人就是岳凤。刘綎招降岳凤的时候，就考虑到他既是汉人，熟悉汉地情况，同时又通少数民族语言、习俗，了解滇西各族情况，所以希望用岳凤作为招降各路土司的榜样，便答应了岳凤，留其性命。岳凤虽然后来是被逼无奈才投降的，但也是因为有刘綎作保，才在后面的一系列行动中配合明军。同时，也是看他投降了，滇西、缅北各路土司才跟着纷纷投降，所以按理说，他还是有一定功劳的。

但云南巡抚刘世曾不这么看，他没有以实情上奏朝廷，而刘綎也不能越级上奏。刘世曾给万历的奏疏上说，刘綎阵擒岳凤父子等人，兵不血刃克陇川，"应献俘以彰天讨"。意思就是要杀掉岳凤，给所有汉奸看看当"带路党"的下场。但这就使得明廷不知道岳凤其实是刘綎招降的，而且也不知道岳凤投降后带来的积极效应，更预料不到如果杀掉岳凤会引起的连锁反应。奏报传到北京，朝廷认为岳凤本来是汉人，却甘愿为逆党，侵扰三宣六慰地区，人神共愤，王法必诛！下令将岳凤与之前被邓子龙擒获的罕虔族人一并押送京城，判斩监候。

消息传来，刘綎始料未及，因为他给巡抚刘世曾奏报的时候可不是这样的，刘世曾还说要赦免岳凤，怎么突然就变卦了？但事情已成定局，朝廷已经有了决议，生米煮成熟饭，刘綎想抗命也是万万不可的，只能硬着头皮派人把岳凤及其妻儿等五人全部抓获，交给巡抚安排送往京城。

估计岳凤自己也没想到，他要了一辈子计谋，挑动明朝和缅甸两方斗来斗去，最后自己却被算计了。五月，岳凤与罕虔族人一起被扭送京城，此时本来还有云南巡按御史黄师颜给投降的人求情，请朝廷三思。但万历不同意，被胁迫的其他土司可以放过，但缅甸俘虏以及罕虔一伙一定要处决。

与此同时，缅甸也发生了一件大事。阿瓦的背叛让莽应里盛怒之下调集大军再次北伐，而且这次还是他御驾亲征，同时他还调集了东吁王朝各属国的兵马，以测试他们是否忠于自己。当时，其属国阿瑜陀耶（即泰国大城王朝）的军队也一起北上进攻阿瓦，率领这支军队的主帅是纳黎萱，也就是泰国历史上著名的大城王朝的复国者——"黑王子"。纳黎萱早已做好复国计划，故意延缓行军时间，莽应里察觉后马上派人袭击阿瑜陀耶军队后路，准备消灭纳黎萱。但派去的两个诸侯反而投靠了纳黎萱，纳黎萱由此正式宣布脱离缅甸独立，恢复泰国大城王朝！

其实缅甸一直以来最主要的对手都是泰国而不是明朝，主要兵力也是攻打泰国，北扩的军队中虽然也有主力，但更多的还是依靠各地土司兵配合缅军。而这次阿瓦叛变，莽应里不能再坐视不理了，他决定先攻下阿瓦，再回军歼灭纳黎萱部。

缅军大军北上围困阿瓦，莽应里与叔父莽著展开了
象战，在火器全面普及之前的冷热兵器混用时期，中南半
岛战象就是战场上的绝对主力，而各国的战象冲锋后会互
相撞在一起，古泰拳里就有"战象交齿"这一招来形容这
个状态。这个状态就间接导致了大象背上坐着的将领之间
形成了一个特殊的单独区域，需要用加长的长杆兵器互相
砍杀，决出胜负，所以将领的个人武艺在这种战斗形态中
被突出了，各国君主必须有乘象作战的能力。但战场上更
多的是中层军官之间的象战对决，象背上装饰越华丽、武
器越多，表明将领的级别越高。护象腿的几个武士并不能
保证象背上的君主不会和对面的主帅发生单挑，所以单挑
的传统也被保留了下来，尤其是这些国家在记载与中国的
战争时，也会按照中南半岛自己的理解来加入"单挑"的
段落。

莽应里在象战中成功击伤了叔父莽著，阿瓦军队溃
败。莽著率领两千残兵逃往腾冲城，本想联合明军一起反
攻莽应里，但因伤势过重，殁于途中。腾越知州陈克侯派
人将其安葬，这也是缅甸历史上为数不多死在中国境内的
大诸侯了。明军张儒臣、把总李朝等人集合了缅甸境内的
土司猛永顺、孟密思化、蛮莫思顺等兵马赶去驰援阿瓦，

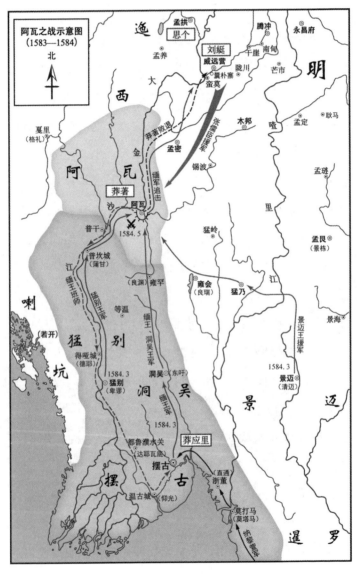

谢信业制图

与莽应里军对阵。本来明军是有机会获胜的，但孟密地区的雍会和猛岭土司却起兵帮助缅甸，导致以土司兵为主的明军腹背受敌，最后被莽应里军击退。蛮莫思顺部往腾冲城方向退走，莽应里军追至蛮莫区域，缅军又再一次逼近大明。阿瓦的失败，让本来有机会改写明朝西南边疆历史的刘綎功亏一篑。缅甸各路原本作壁上观的诸侯们看到莽应里平叛成功，都打消了叛乱的念头，只有纳黎萱王趁势独立。这也使得明缅战争依然没法结束，还会打下去。

五月二十四日，孟密军队又败给了缅军，双方一直拉锯到六月初。这时候的缅北已经相当闷热了，正值当地的"烟瘴"季节。中南半岛最凉快的时期是公历十二月至一月这两个月时间，所以我们看到很多当时的作战记录都是秋冬进兵，而一到春季，就是该地最热的时候，作战双方受限较大。夏季反而稍微好些，但雨水多，痢疾就泛滥，所以当时的军队一般有"坐夏"的传统，就是等气候变凉爽了再出兵。明军此时的部队大部分是从贵州征调的士兵，因为云南本地的汉兵本身防务很重，加上明朝后期卫所训练松弛，战斗力有限，所以每次作战往往需要调集四川、贵州等邻省的士兵支援。莽应里听闻贵州兵水土不服，染病的很多，明军很可能退回云南腹地，所以继续增兵缅北。

这时候，明朝另一个猛人出现了，此人堪称是大明最强把总之一，如果不是记载夸张的话，甚至没有之一！但就算把夸张情节抛开，他的战绩也是相当强悍的。此人叫高国春，《明史》里对他的履历没有过多记载。此时他率领五百人赶来增援，前线已经聚集了刘綎和邓子龙派来的三千明军，加上蛮莫和孟密各地的土司兵，加起来估计有过万人，可以与莽应里屯驻在猛莫、五章、孟广等地的数万缅军一战。

缅军在布防的每处据点都立了一个木栅栏工事，形成一个木制的营寨，这是他们的固定战法。打下一地或者驻军一地后迅速建立防栅，和明军的扎营不一样，缅族的木工活做得很好，尤其擅长就地取材。热带雨林茂密的植物是他们取材的天然首选，军队里有木匠，能迅速建出扎实的木栅，对于防备敌军弓箭、火器都有很好的功效。后世的清军，乃至英国人，都对缅军这种战术记忆深刻。缅军这次就在各处扎下了六个营寨以迎击明军。

前哨战海壖河之战，明军击杀缅军四十一人，高国春无惧炎热的气候，亲自带领五百人在明军大部队的配合下率先发起冲锋！在找到克制象兵之法后，缅军野战并不是明军对手。高国春率军击溃前来阻击的缅军部队，明军士兵张子仲被缅军火枪击中身亡，刘荣等五人也分别受伤，但此战高国春部阵斩缅军八十五人，生擒缅军二十人，缴获缅军象马、火枪、缅刀无数，为明军提升了前线的士气。

野战获胜了，但缅军的营寨还在，不把这些营寨拔掉，缅军就不会退。高国春部又冲在前面，利用明军的各种火器猛攻缅军木栅。如果只是普通的火箭或是火枪，缅军的工事还能防住，但明军这种大规模散发式的火器和火炮威力非同一般，火炮可以洞穿木头，虽然不能拔掉木桩，但若持续轰炸或者轰炸后士兵再冲锋，也有可能攻破缅军营寨。而且火器是能点燃木头的，只要木头燃烧起来，马上会连成一片，缅军将会不攻自破。高国春部应该就是以此战法，在明军大部队以及土司兵的配合下，连破缅军六个营寨，导致缅军数万人的阵线崩溃，莽应里才不得不下令撤军。此战，高国春堪称西南战功第一了！

（每次看到高国春的史料时，笔者都会思考是否属实，思来想去，只能说在三千明军以及过万土司兵配合下，身先士卒，带头冲锋，连破缅军六寨是比较靠谱的，远比光靠五百人打赢缅军数万的小说写法靠谱，所以这里给他设计了一个相对合理的破阵场景）。

此战结束后，高国春一战成名，被称为"西南第一奇功"，从一个正七品武职的小把总，一跃升为世袭的从五品副千户，虽然官只升了两级，但能世袭这个爵位，这份殊荣可不是一般武将能有的。通过这次战役，明朝基本稳定了收复的缅北诸土司地区。（所谓"奇功"，与"头功"一样，都是明初为了激励将士设定的战功评定系统，最早确立于永乐初年，当时朱棣规定"对敌之际，冲入敌阵，搴旗斩将，遏敌阵敌，众军随之克敌；深入敌境，得其声息，众军乘之破敌；鏖战之际，胜败未决，能出奇制胜，以少击众；别队为敌所制，率众救援克敌等情况均为奇功，升二级。严整队伍当先破敌，出哨杀退敌人得其声息，或随军殿后等情况皆为头功，升一级"。可以看出，奇功升两级、头功升一级的规定从永乐朝开始确定，而明军基层官兵的种类有舍人、余丁、老军、养马小厮、碇手、哨班、舵工、带管、火长、军人、力士、校尉等等，这些都可以凭借军功升级。）

不过好景不长，另一件事情的发生，动摇了来之不易的稳定局面，那就是岳凤在北京被处死的消息传回来了。

九月初二，明神宗万历在午门城楼举行献俘礼，审判抓获的缅军俘虏以及岳凤等人，同时以此庆祝明军的胜利。万历处死了岳凤的妻儿、族人，同时，明廷判处岳凤磔刑。这是比凌迟还残酷的一种刑法，凌迟处死通常还保留内脏，而磔刑则是连内脏都得切碎，真正意义上的碎尸万段，岳凤在西市被行刑的时候，引来了众多百姓围观。人家惊叹他满身的奇异纹身，以及钉上了数个缅铃的阳具。有传闻，酷刑结束后，岳凤那个钉了铃铛的阳具被行刑者割去，以重金售卖给了功臣家族。

岳凤惨死，"缅人不救，天朝不救，终于寸斩"。但消息在云南引起了很大震动，他虽然有罪，但明朝出尔反尔，归顺后还落得如此下场，这让刚刚投靠明朝的缅北土司和滇西土司们惶恐不已，孟密和阿瓦境内的土司很多开始动摇，考虑再次投缅。之后不久，明朝征讨播州杨应龙之时，杨应龙至死不降，可能也和岳凤的下场有关。明朝的善后处理失策，为明缅再起兵祸埋下了伏笔。同时，邓子龙和刘綎的骄横，也引起了边境新一轮的震荡。

第七章

明军兵变，遮浪之战

明军兵变

李材其人

遮浪之战

明军兵变

自从邓子龙三战二捷、刘綎南下阿瓦成功回来后，明缅之间算是度过了一段短暂的和平时期。这个和平既有明军作战胜利的因素，也有缅甸忙于对付暹罗复国的因素，但不管怎样，边境暂时恢复了安宁，明廷也给了立功的将领们各种嘉奖，至少是明面上的嘉奖。

邓子龙和刘綎都升了副总兵。万历十三年（1585）正月初八，明朝把孟密从安抚司升成了宣抚司，以表彰孟密再次反正的功绩，同时蛮莫与耿马也升为安抚司，孟连、孟养升长官司，尤其是孟养，虽然一直以宣慰司自居，但明廷一直没有承认，现在终于给了一个长官司的头衔。姚关、猛淋寨升千户所，完成军事建制，巩固防御。而刘綎则派驻蛮莫，以临元参将的职衔驻扎此地，设立大将行营，真止深入明缅第一线驻防。

刘綎驻扎此处后，派人考察了蛮莫周边地形，认为蛮莫地理位置重要，是扼守通往缅北各路土司的要地，水陆交通便利，所以希望朝廷在此稳固防御，派兵长期驻扎。为此，云南官员也积极加强滇西地区防御并增加了驿站、堡垒，打通了滇西到缅甸的交通要道，以让信息和物资运转流畅。明代一般是六十至八十里设一个驿站，在边远偏僻地区比如滇西，有的驿站相距达百里以上，每个驿站得供养马匹十数匹至二十匹，还得有马头十余名，库子、馆夫一二名，开销都由当地百姓负担。滇西地区很多民族聚集区税收本来就不够，而维持驿站运转是一笔不小的开销。明朝云南的驿站也会形成定居点，但人员不流动，是固定的。明中期以后，官员大多不愿意前往任职，所以只能由本地人员尽力维持，不然军情传递和朝贡道路就有中断的危险。明朝在蛮莫建立大将行营，由刘綖坐镇，同时在云南建立"六驿十三堡"体系，让驿站直接通往蛮莫，堡垒也延伸到蛮莫一带。滇西边疆的防御体系开始形成直接由明军掌控的新局面，驿站系统也重新活络起来。

刘綖还自掏腰包，在当地购买了三头训练过的战象，让士兵演练如何破解象兵，并且适应大象冲击战法以稳固阵线，克服战象一出现就被惊吓的毛病。要知道，训练一头战象需要的时间很长，通常需要象奴从小开始培养战象，能合格的不多，大部分被淘汰的大象只能当运输象，所以各土司实际拥有的战象不多。刘綖花钱买三头来训练，也算是下了血本了，只不过这些钱他在其他地方找补回来了，这个后面再说。

刘綎毕竟是军人，他从军事的角度上建议朝廷继续南征，一鼓作气攻灭东吁王朝，不然莽应里还是会再次出兵北上，侵犯云南；然后对缅甸各土司进行改土归流，在各地建立工事并实行屯田，以保滇西、滇南永久太平。但明廷没有采纳刘綎的建议。刘綎没有算过这个计划执行起来需要耗费多少人力物力，此时的明朝实在是有心无力，不过趁势联合缅北土司，出兵击溃莽应里，让他不能再犯，还是有可能的，然而明廷又没有这个魄力。

时人许磁就希望刘綎"一战而取罕虔，再战而获岳凤，三战而诛莽应里，四战而缅甸之老营尽退兵矣"。但明廷认为岳凤、罕虔已经伏诛，云南的事情只需要加强边防就可以结束了，没有意识到，正是岳凤的死，让重新投降明朝的土司们惶惶不安，再次动摇，更没有意识到缅甸不会因为一两次败北就放弃北扩的需求。事后证明，刘綎的判断是对的。

明朝当时的首辅已经换成了申时行，申时行对于云南的要求与张居正相比，只能说略有进步。张居正的要求是"安静处之"，申时行的要求则是保守稳健，避免大规模冲突。先稳住阵脚，选拔将领，训练土司兵，拉拢各土司，最后再出击缅甸。在做好准备之前，申时行不愿意有任何的过激举动，这些都体现在他与当时云南巡抚刘世曾的往来书信里。申时行一直认为"滇中向来武备单薄"，兵力有限，不能支持大规模远征。

巡抚刘世曾虽然在处理岳凤的事情上不太妥当，但对于云南的局势和缅甸的情况还是清醒的，但无奈首辅大人坚持稳妥处之，刘世曾也只能尽力去争取主动。对于刘世曾增加军饷、兵力的要求，申时行也尽量满足。但在与缅甸战事吃紧的时候，云南地方官员提出调福建、浙江之兵前来做征缅准备，却被申时行否决了。万历十二年（1584）九月，岳凤在京师被处以极刑的时候，云南地方官员受此鼓舞，一度试图私下借调四川、贵州两省兵力，希望就势让朝廷同意发兵出征缅甸，一样被申时行叫停了。而且申时行还一再重申"征剿之说，万万不可轻动"，刘世曾只能含糊答应，但不敢再动大规模征缅的念头，刘綎的奏报更不可能执行。

不过还没等刘綎抱怨，他自己就出事了——明军兵变了！

驻扎在腾冲城的腾冲营士兵发生了叛乱，消息传到刘

綖处，刘綖大惊失色，赶紧带着五百亲兵从蛮莫起身前往
腾冲城平叛。腾冲城驻扎的守将是刘綖军中的把总廖文耀
与王化龙，他们也是刘綖选的裨将（没有职衔的副将）。之
前刘綖大军获得胜利、班师回驻地的时候，他二人率部回
到了腾冲城，其部下上兵就目无法纪，原因是他二人克扣
士兵军饷已久。回城后，有士兵聚众高呼说，怎么能便宜
了此二人？今天非抓了两人讨个说法，有没有愿意一起的？
结果一呼百应，聚集了两千七百人，都是被克扣过军饷的士
兵。这些兵有的是刘綖带来的，有的是就地征召的市井之
徒，虽然打仗还可以，但一旦欠饷，马上就变回原形。

哗变的士兵们开始焚烧腾冲城的民房，一共烧毁了
一百七十间，当地官员根本无法管制，只能眼睁睁地看着
乱兵们纵火劫掠，等待刘綖率领五百亲兵星夜兼程地赶回
来处理。反击缅军之初，朝廷在永昌设立姚安营，归邓子龙
统帅，腾冲设立腾冲营，归刘綖统帅，两营士兵在战场上能
一致对外，但平时互相内斗不断，看不起对方。不是刘綖营
的士兵对着邓子龙营的士兵射毒箭，就是邓子龙营的士兵处
处给刘綖营的士兵找茬，两营不和早已是人尽皆知。

刘綖带兵赶回腾冲后，并没有立马制止住兵乱，一进入
腾冲就看到四处都是抢掠的乱兵，刘綖的五百亲兵紧紧地护

卫着刘綎，以防乱兵趁势袭击。许多乱兵看见刘綎的大帅旗后停下手来，虽不再劫掠，但也不肯回营，双方就这么僵持着，刘綎干脆就地扎营，等乱兵自己来降。这时候乱兵队伍中开始有人窃窃私语，队伍又开始鼓噪起来。刘綎随即走向前，默默地扫视了一遍乱兵。这些兵对于刘綎还是服气的，于是开始有士兵往刘綎营地走去。刘綎知道他们是因为欠饷闹事，所以凡是来营地的，他自掏腰包，先给每人二钱银子安抚。就这样，当天的兵乱暂时平息了下去。

没想到，第二天乱兵们又闹了起来，他们前去围住了云南都指挥佥事张应龙的住所。张应龙没办法，只能拿出二十根黄金请大家离开。乱兵们拿了钱竟然又放火烧了一些住所，趁乱烧杀劫掠了一番才离去。当时的金腾兵备副使傅宠赶紧召集同知陈克俊、通判陈晨、守备李应南商议对策。按理说，哗变是死罪，但考虑到刘綎作战有功，而且士兵们确实是因被克扣军饷才发起的叛乱，所以当务之急还是先安抚士兵，以免激起连锁反应，因此决定给大家补发军饷。

于是刘綎派人通知大家第二天去演武场领军饷。云南当局本来打算给每人五钱银子，但刘綎要求每人要给足一两金子，最后傅宠调来白银五千两，分发给两千七百名哗变士兵，同时也把粮草补上了，这次哗变才算平息下去。

腾冲这边事情平息了，蛮莫那边变乱又起，这次事情比兵变还要严重。万历十三年（1585）七月初四，蛮莫安抚使思顺再次投靠缅甸了！

思顺是在刘綎离开蛮莫前往腾冲的时候投缅的，理由当然也和刘綎有关。刘綎对于下属，往往只要求作战胜利、敢冲敢拼、遵守战场纪律，平时放浪点也无所谓，他本人也很爱财，对于贿赂来者不拒。驻扎蛮莫后，刘綎经常找思顺索要黄金、象牙等物品，同时他还纵容手下的把总谢世禄、夏世勋、陈其正等人强暴了思顺的妻妹，导致思顺大怒又不敢发作，终于趁着刘綎离开的时候逃往缅甸，重新投靠了莽应里。此时距离蛮莫安抚司设立才仅仅过去了七个月。

其实欠饷这个问题也不能完全怪刘綎，因为云南当局当时真的没钱了。从万历十一年（1583）开始，腾冲、姚安两营增兵到一万人，每年需要饷银十七万两，由大理、鹤庆、蒙化、姚安、楚雄五府提供。那时候云南当局就开始筹划万历十二年（1584）的粮饷，由抚按赃罚等项银73347两，扣剩备边税粮以及从四川、湖广借用库银十余万两构成。为了方便调集粮饷，还由云南巡抚兼管川贵军饷。而这些士兵不光要给饷银，月粮也得足额发放。邓子龙后来就用银子折算大米给腾冲营士兵，而且无论是云南本地的饷银还是四川、湖广的借粮，都需要转运，转运成本很高，根本不够开支，所以军饷基本不能按时发放。

不过如此重大的事情接连发生，刘綖也着实难辞其咎。云南御史李廷彦随即上书弹劾刘綖，请求朝廷给刘綖治罪。但万历皇帝念在刘綖有功在身，就将刘綖重新降职为游击将军，革去他的总兵职位，先关起来再听候调遣，并将把总谢世禄等人逮捕问罪，金腾兵备傅宠、同知陈一化、通判陈晨等都先后被降职处罚，此事才算平息。

刘綖被革职后，朝廷派来代替他的是游击将军刘天俸，而金腾兵备副使傅宠也因为要回乡丁忧而离职，朝廷重新派来的金腾兵备变成了李材。李材也是江西人，与首辅申时行关系密切，他与首辅申时行、云南巡抚刘世曾是同年进士，可以说背景强硬。李材的到来，很快就改变了滇西的局势。

李材其人

思顺投缅后，申时行和刘世曾最担心的是三宣地区再次动乱，所以需要抓紧时间应对布置，李材正好起了作用。李材，字孟诚，号见罗先生，江西丰城人，和邓子龙是老乡。不过邓子龙不太待见这个老乡，这个后面再说。李材的仕途不算特别差，但也谈不上顺利。他出生于深受王阳明学说影响的大族湖茫李氏家族，年少时候曾跟随王阳明的高徒邹守益学习，嘉靖四十一年（1562）中进士。同年中榜的有申时行、刘世曾，但李材没有像这两位一样出仕，而是选择继续访学，求教于唐枢、钱德洪、王畿等王阳明弟子，一心研究心学。

而当时的首辅张居正是不喜欢心学一派的，他在任的时候，对于心学一派的学士进行了一系列打击。认为自己学成且出仕后的李材，一心想在学术和事业上效仿王阳明，并且希望自己能超越王阳明，所以他最初的仕途自然就很坎坷。隆庆末年的时候，他出任岭西兵巡道，任上平叛有功，但因为言行主张与当时的两广总督殷正茂和首辅张居正发生冲突，于是愤而辞官回乡，居家读书。万历十年，张居正去世，心学一派的士子重新得到起用，李材也跟着复起。万历十一年底任云南右参政，分巡洱海道，驻扎姚安。当时邓子龙等人已经取得攀枝花大捷，明军士气正盛，李材到任后就抓紧熟悉云南军情、民情。万历十三年年底，在申时行的运作下，李材升任云南按察使、金腾兵备道，正式负责滇西防务。

万历十四年（1586）初，李材抵达永昌地区。到任后，李材没有在永昌府固定驻扎，而是在腾冲城和永昌府衙往返驻扎，不断查探两地情况。这时候刘綎已经被扣押撤换，李材此时要做的就是稳住明军。好在巡抚刘世曾很支持他。刘世曾先把分巡道撤回大理，让李材可以专门管理金腾地区，同时又把姚关、腾冲两营兵力整合为一个营，统归李材调度。李材获得兵权后的第一件事就是整肃军纪，设立了门兵制度，把土兵和外来的客兵区分开来管理。建造营房，让驻军居住在专门的营区内，以免和百姓混住在一起，同时又订立士兵娶妻的规定，制造腰牌，让士兵悬挂在腰带上，以免有人冒充士兵闹事。

李材的这些措施起到了很好效果，军权也开始往李材手里聚拢，而这时候，邓子龙就不高兴了。虽然名义上李材是最高长官，但实际管理两营士兵的还是邓子龙。李材的一系列操作，明显让邓子龙的权威受到了影响，所以邓子龙开始不待见李材，甚至邓子龙的部下还顶撞过李材。对于这些，李材都没有介意，李材第一次给邓子龙去信就写了："心胆之相照久矣，而何其意之不相喻如此耶？"希望和邓子龙缓和关系，但似乎并没有起到作用。邓子龙一直称病，不肯前往拜见李材。李材其实与同时期的武将有过不少交流，他不是那种古板的文人士大夫，深知文武双修的重要性。当时的武将也喜欢结交文官，因为明朝中叶以后，武官的遴选权力已经被文官掌控，地方大员可以保举武将，所以但凡有点文化水平或者政治头脑的武将都会写信结交一些文官。李材与名将俞大猷、谭纶等人就是笔友，俞大猷还曾经给李材寄去自己所写的《战车操法》一册，就是希望能借与李材讨论明军的战车技术的机会，建立友谊。所以李材对于武将们的脾气和秉性也是了解的。

李材在滇西的策略基本是先介入土司之间的纠葛，然后联合诸土司抗击缅甸。他与刘世曾的书信往来很多，两人交流中，李材透露出自己的判断，他认为朝廷没有开疆拓土的决心，却希望能有让边疆长治久安的计策，这是很矛盾的。但申时行的意思就是要以当地土司兵力为主对抗缅甸，而不是耗费明军军力，所以李材也只能在有限范围内去运作征缅一事。

李材与邓子龙不和一事，已经闹得连申时行那边都知道了，但不管怎么说，李材依然是邓子龙的上级，他还是要尽量缓和矛盾，支持邓子龙的很多行动。比如邓子龙当时想征讨一直高度独立的阿坡寨（今云南保山境内），统治此地的是莽裕父子及其支持者右甸寨的董瓮。阿坡寨与右甸寨从明初开始虽然名义上归附云南，但从来不交税，朝廷一直无法有效管理，击退缅甸入侵后，邓子龙准备把这里顺势拔掉。当时云南军政官员对此并不是很感兴趣，但邓子龙看出他们正在暗自扩张势力，经常有寨兵劫掠周边乡村，吸纳各种流亡分子。李材这时候就站出来支持邓子龙，认为可以攻打这里。

李材在滇西的时间其实只有短短的半年，他到离任之前，都还在支持邓子龙的军事行动。万历十四年七月二十日，邓子龙开始了对阿坡寨的征讨。此地和三尖山一战类似，都是要拔除据守在山区险峻处的营寨。邓子龙先让部队佯攻右甸，同时令邹良臣、吴松两部士兵牵制周边三个村寨，杜绝其援兵。然后派把总陈信、邓勇、万和、范进、邓廷锡等率部潜入阿坡寨区域，自己则冒着大雨前往南窝村，准备突袭阿坡寨。此战邓子龙身先士卒，赤裸上身亲自攀渡藤桥，但明军哨总文清仁在攀越障碍的途中摔死，邓子龙赶紧下令各部派出斥候检查过道，然后架设天桥，斩断对方粮道，实行围而不攻的战术。最终，阿坡寨的土司兵坚持不住，退路又被明军阻断，两千多土司兵只能投降。邓子龙随后将莽裕和董瓮抓获并处斩，阿坡寨遂平。此时李材已经离开了云南，前往湖北任职。

就在邓子龙出征阿坡寨的时候，缅北也出事了。蛮莫土司思顺投缅后，缅王莽应里认为北伐时机再次成熟，孟密、孟养地区很可能跟着动摇，重归缅甸，如果他们能顺利归缅，那就能重新谋划夺取三宣地区。于是在万历十四年初的时候，莽应里派遣缅军将领前来，准备将思顺的母亲罕送、蛮莫的大小头目以及百姓迁移到缅甸摆古地区。此举引起了蛮莫的不满，因为思顺投缅了，然而他的母亲罕送还在管事，而且大家并不是都愿意去缅甸。李材知道这个消息后非常高兴，赶紧派人联系蛮莫和孟密。李材的策略一直是撮合各土司放下矛盾，一致对缅。比如孟密和蛮莫一直有仇，李材就在孟密失势的时候劝说孟密放弃报复蛮莫，同时让蛮莫归还孟密的人口和大象，让二土司歃血为盟，结为姻亲。同时李材还让刘天俸派把总寇崇德、李朝去劝说罕送与孟养联合，一起干掉前来招降的缅军。

劝说成功后，二月十九日，蛮莫的头目们就带着土司兵和缅军打了起来。缅甸之前虽然已被明军击退，缅北各土司也都已经杀掉驻扎的缅甸官员投诚，但也有地区是例外，比如孟养和蛮莫。孟养和蛮莫挨着，但连接两土司

191

的中间区域比较模糊，莽应里当时就派兵两千人驻扎在此地。这支缅军的头目叫散夺，刘綎收复孟养的时候，这路缅军不知道是藏起来了还是孟养根本没有处理这支缅军，反正侥幸地存活了下来，与一个叫大囊长（堵囊章）的缅军代理人互相利用，互为掎角，盘踞在蛮莫和孟养之间。

大囊长不是缅人，最初只是孟养下面的一个小头目，但莽应龙征讨孟养的时候，他派兵协助莽应龙捉拿思个，受到莽应龙的赏识，莽应龙就扶植他做缅甸在这里的代理人。于是他就利用缅甸的支持在这个区域扩张势力，屯驻在金沙江黑罕一带，手下有数千人，和散夺一起控制了这里。缅军被击溃后，大囊长依然是缅甸的代理人，蛮莫还是受他的监视。刘綎没来得及剿灭这两股残余势力就被革职了，现在轮到李材来完成这个任务了。

幸运的是，蛮莫土司与缅军开打后，大囊长也参与其中，结果被蛮莫土司兵打死了。知道大囊长死后，寇崇德与李朝又怂恿罕送等人乘胜去攻打散夺那支部队。有了明军支持，加上已经打赢了一仗，此时士气正旺，蛮莫直接出兵袭击缅将散夺。散夺抵挡不住，连夜逃走。李朝和通事马大本等又劝说罕送和孟养联合，把残余的缅军彻底驱逐。于是孟养与蛮莫联手杀掉了缅军头目喇歪，在金沙江沉掉缅军战船，夺得标枪二十根、藤牌十面、头盔三顶。就这样，李材利用土司兵成功化解了当地土司再次投靠缅甸的危机，蛮莫再次归顺大明，孟养、孟密等土司也决心一起抵御缅甸。

遮浪之战

莽应里当然不会善罢甘休。万历十四年六月初，莽应里为报失败之仇，发兵攻打孟养、孟密等处。莽应龙以蜡碗、岳塔为主将，命其二人率领阿瓦、遮浪地区（大概在今缅甸实皆省区域）驻军，同时勒令遮鲁等八个城寨各发兵两千，一共集结兵马两三万，兵分两路进军。一路攻孟养，一路由孟密北上攻打三宣地区，云南边疆再次告急。

缅军首先攻占了与阿瓦接壤的孟养境内的密堵、送速二城。这里之前被莽应龙攻占，被纳入了缅甸的势力范围。后刘綎率军南下，阿瓦投靠明朝后，刘綎把二城归还孟养。如今二城重新被莽应里攻占，率兵抵抗的孟养土司思义战败自杀，其子思威接替，成为孟养新的土司头目。缅军打下这里后，把大本营驻扎在了密堵城，随即继续北上进攻孟养。孟养思威紧急派人前往腾越地区，向明军求援。

孟养来使对明军说他们抵挡不了缅军，只有汉兵的火器才能破解缅军的象阵，所以希望明军前去增援，同时借给他们火器以抗击缅军。但当时驻扎腾冲的游击将军刘天俸反应比较冷淡，他虽然接替了刘綎，但没有刘綎这么好战，当时正值六月间，是中南半岛的雨季，明军的火器容易受潮而威力大减，刘天俸就以此为由推搪出兵。而李材直接斥责他："如果你手下的把总都如此无能，那还是用高国春吧！"李材在与同知陈克侯、巡抚刘世曾的沟通过程中，也对明军的消极应对抱怨不已。但后来在刘世曾的压力下，刘天俸还是听从李材的命令出兵了。这时候抚夷同知宋儒认为道路遥远，明军前去救援会很困难，希望李材放弃。但李材知道，四年前自己的同门罗汝芳就是因为没去救援孟养思个，导致莽应龙得以逃脱，让缅军后来顺利攻入云南，所以他不会再犯这个错误。他反驳宋儒说之前缅甸侵犯孟养，我们没有援助，导致诸土司离心离德，纷纷归顺缅甸，云南藩篱尽失，岳凤才能长驱直入，这样的错误不能再犯第二次！随即下令往孟养派兵。

李材派人传令刘天俸，让他督率士兵前往援助，同时也派人通知邓子龙，让他派兵给刘天俸部做远哨，并整顿兵马，随时增援。李材还下令让永昌知府陈严之、大理同知管腾越事陈克侯筹办粮饷，大理同知罗应台、巨津州知州吕坚筹备钱粮运夫，听候调用。另外他还派快马通知陇川防守千户高国春，让这个西南第一猛人通知蛮莫等附近土司，整顿兵马前往明军大营，听候游击将军刘天俸调遣。

通知完各路人马后，李材让人前往孟养，告诉思威："特遣把总七员，统领游击将军标下精锐三千员名，多带火药，径赴迤西地面，远为就应。"他让孟养联合蛮莫，整顿象马，准备截杀缅军，并且还告诉思威：这次明军前来，你只需要筹备粮草，其余不索取一草一木，如果有违反号令索取财物的，军法处置！

六月初六，明军的队伍开始出发，第一路是中军官把总杜柣、把总李朝、范斌率兵一千，带铳炮、火砖、火笼，往西与孟养军会合，还给孟养军带去了明朝的赤帻，也就是明军的火旗，同时还有代表明军标识的一些旗帜，这样可以在远处迷惑缅军，以达到出其不意的效果。第二路由中军官守备李应南，把总寇崇德、陈其正率兵一千，往南与蛮莫土司兵会合。两路兵马出发不久，李材又派出两路人马，一路由旗牌官马守功、把总孙承祖、杨栋率兵六百，往西出发。另一路由旗牌官余文明、把总吴英、千总李华率兵四百，前往蛮莫，与其余各部会合。

六月二十六日，杜栻一路明军率先抵达孟养界内。从孟养头目提供的情报知晓，缅军此次由喇缅、蜡碗（也作猎挽）、岳塔率领，分别驻扎在孟养南部以及孟密境内的遮鲁哒喇等八个城寨，每城寨驻军两千人，同时把大本营设立在密堵城，城外修建了三排木制防栅，城后是阿瓦江。另外缅军还有战象部队以及阿瓦等地的兵马，并且号称已出兵孟养与三宣地区，开始北上。明军四路人马随后在马乍城会合，开始休整备战，准备进攻。此次明军主力三千人，配合孟养和蛮莫、孟脸（Mong Laing）等地的土司兵，人数估计在一万左右。

七月初八日，明军开始进攻。进入遮浪地区的时候，孟养军也装备了明军旗帜，当其突然出现在缅军面前之时，缅军误以为明军大部队赶来了，直接吓得溃散而逃。看来缅军之前已经被明军打怕了。孟养思威随即挥军趁势掩杀，斩杀过千。明军随后开始分兵攻打缅军各个城寨。中军杜栻、千总李华率明军和土司兵攻克了遮鲁哒喇、麻哈二城；把总李朝、杨栋率领孟脸和孟养的土司兵攻下戛禀、补鲁煞城；把总范斌、吴英带领土司兵攻下勒纪城；守备李应南、把总孙承祖、旗牌官马守功等配合土司兵攻下哈狭城。而喇爽、簿薛二城的缅军听说明军已经攻下了其他城镇，直接弃城而逃。把总寇崇德、陈其正带领土司兵焚烧了两座空城后，快马加鞭地追赶上逃走的缅军，把这路缅军也击溃了，赶来会合的杜杙部也斩获颇多。明军初战告捷。

溃败的缅军陆陆续续逃回大本营密堵城，和驻守此处的缅军主力一起坚守不出，同时用缅语在城头上对追赶到城外的孟养兵叫骂，表示自己要誓死一战！孟养地区很多人听得懂缅语，与缅军对骂一阵后，把这个消息告诉了明军。把总杜杙让各部明军和土司兵先回营休息，同时让大家佯装疲惫地撤退，迷惑缅军，实际上暗中聚集队伍，修理火器。杜杙还让明军都把军衣脱掉，换上各地土司兵的服饰或者头巾，静待缅军斥候来查探。

密堵城的缅军斥候果然中计，认为明军已经疲惫，水土不服先撤退了，留在前线的都是些土司兵，不用担心。消息传回密堵城，缅军开始懈怠了，面对明军他们打不过，但打土司兵还是有信心的，守城战就更不用说了，土司兵很少能攻破缅甸的城防系统。

七月十一日夜晚，明军与土司兵潜入密堵城附近，准备于第二天凌晨发起总攻。明军是这样部署的：把总杜杙、千总李华率领明军和土司兵由正面进攻。把总李朝、杨栋率明军和土司兵攻左路，把总范斌、吴英率明军和土司兵攻右路。守备李应南，把总孙承祖、寇崇德、陈其正各自率部在两侧埋伏。凌晨一到，三路明军一起进发，逼近密堵城下！但城寨上巡逻的缅军士兵发现了异常，由右路进攻的范斌部暴露了，缅军主帅蜡碗、岳塔等人连忙骑着战象，带领缅军标枪手数百人往城寨西南突围，直接对着范斌的部队冲了过去。

范斌急忙督率部队迎战，但仓促之下，明军来不及结阵，火器也没准备好，这时候缅军战象、步骑和标枪手已经冲到阵前了。缅军的标枪投掷技术很高，制作的标枪质量也很好，这种战术他们一直用到后世与清军和英军的战争。缅人本来就擅长制作木工活，所以每次作战，标枪手是野战标配，战象后背的武器架上往往也有很多标枪可以投掷，近距离大规模投掷的威力超过弓弩，甚至比当时一般的火枪命中率还要高一些。

缅军这时候已经冲到阵前，把总范斌带头起身拦截缅军。"嗖嗖"几声响起，冲锋的缅军投掷出手中的标枪，标枪携带着马匹、战象的前冲力往明军阵地飞去，范斌无从格挡，连中两枪后，英勇牺牲！明军被缅军标枪射伤多人。这时候进攻左翼的把总李朝部急忙赶来救援，看见范

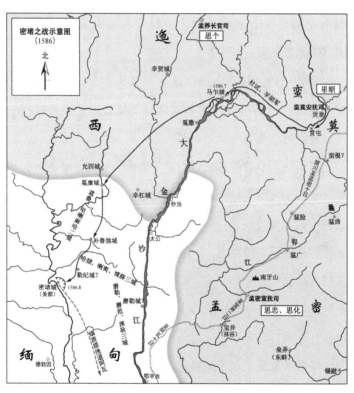

谢信业制图

斌牺牲后，李朝大怒，作为明缅开战以来已参加多次战斗的老将，他顾不上许多，急忙率领身边的百余名明军骑兵和土司骑兵往缅军阵地冲去，以求在缅军突围前拦住缅军，不然范斌就白死了！

李朝一边冲锋，一边让这一百骑兵拿出事先准备好的火砖点燃，然后用力往缅军战象身上抛去。如果要拦截缅军，最好的方法就是让缅军部队陷入混乱，靠手上这点人马和已经受伤大半的范斌余部截杀突围的缅军是不够的，而如果这个口子被缅军打开，城内的大部队就会跟着冲出，明军的合围就宣告失败了。所以李朝拼命攻击缅军战象，众多火砖击中战象后，掉落地上，浓烟遮蔽了战象的双目，蜡碗和岳塔的战象也被惊吓住了，缅军战象开始四处狂奔，践踏自己的部队。李朝的战术成功了。突围的这几百缅军开始陷入混乱，李朝打马向前，弯弓搭箭，一箭射中象背上的岳塔左眼，岳塔从象背上摔下来身亡。缅军大将的阵亡让缅军士气崩溃，纷纷往城内和江边逃窜。

这时候李朝等人趁势冲到密堵城前，明军各部也跟了上来，手持刀斧开始砍掉缅军在城门前安插的三排防栅，同时用竹梯搭上城寨城墙，准备入城。城寨上的缅军本就陷入慌乱之中，明军大铳一响，杜栻、李华率部抢先登城，同时明军火砖、火箭齐发，将凌晨的天空照得红亮，火箭如雨，铺天盖地往城寨内的缅军射去。缅军惊惧不已，自相践踏地逃走，根本无人抵抗。到十三日早晨，三路明军全部进城，密堵被明军攻陷。缅军主帅喇缅、蜡碗被杨栋、李华阵斩，溃散的缅军全部往城寨后方的阿瓦江逃窜。

但这时候，埋伏在城池两侧的孙承祖等部早已准备好了。一声炮响，两路伏兵趁势杀出，往江边追去。然而狗急跳墙，被逼上绝路的缅军这时候反而稳住了阵脚，纷纷举起兵器开始反攻追杀的明军。明军被打了一个措手不及，孙承祖带头冲锋被缅军一弩射中，弩箭涂抹有剧毒，孙承祖不治身亡。缅军反戈一击，向着明军冲杀过来，两军混战在一起。士兵杨荣等二十一人见自己的主将被杀，愤而发起冲锋，但纷纷被砍杀或者射死。反应过来的明军随即用火器反击，然后趁势掩杀缅军。缅军中枪倒地者无数，明军冲上去用长枪、腰刀在江边砍杀缅军，许多缅军掉入江中淹死。这一战，缅军尸横遍野，缅军的随军妻儿在城寨中被大火烧死的，以及被缅军遗弃死在乱军中的，累累皆是。幸存的缅军边逃边哭，当时的人都说缅甸用兵四十年来，没有被汉兵打得这么惨过。

　　此战明军俘获缅军战象两头，生擒缅军 689 名，斩首 1777 级，夺回被缅军抓走的土司民众 1246 人，夺取金牌、缅盔、刀枪等 63 件。这就是史上著名的"遮浪之战"。

　　明军大获全胜，但阵亡了两位把总和数百明军以及大量土司兵。不过在李材看来，这一战破缅军万余，连下八城，拓地千里，孟养思威也顺利收复密堵、速送二城，缅北诸土司都会重新拜服大明。他告诉刘天俸可以请功了，这一战可以保西南边疆永固，同时还致信邓子龙，让邓子龙乘机招降滇东地区的车里、孟艮、八百，乃至老挝各部。总之，李材很满意这次的行动，他认为自己已经完成了当年同门罗汝芳没有完成的心愿，可以安心离开云南了。

第八章

二次兵变，明缅再战

李材下狱

明缅遮浪一战，明军大获全胜后，滇西边境以及缅北土司地区重新获得了一段时间的和平。万历十六年（1588），孟养土司派使团前往大明朝贡，感谢大明出兵救援。云南巡抚萧彦奏报万历，万历皇帝下令让官员陪同孟养使团进京，表示很重视这次朝贡。明朝专门派人一路护送朝贡使团到京城的情况不多，这也证明了万历还是很满意这次的反击战的。不过遮浪一战的最大功臣李材，此时已经在牢里了。

李材在万历十四年六月升任湖北郧阳巡抚，但上任一年多以后，于万历十五年（1587）底率领当地士子大张旗鼓地讲授心学。他让军卒供自己的弟子及士人差遣，将士多有怨气，后又将参将公署改为学官，终于引起郧阳兵变，随即被革职，遭回原籍听候处罚。

万历十六年三月，云南巡按御史苏鄩弹劾他在对缅作战的时候虚报战绩，导致参与遮浪之战的一系列云南官员都受到处罚。这次风波可以看作是明末官场内斗的缩影。

虚报战功，对于当时的明军来说，各地都有，并不是什么新鲜事，但李材这件事被当作重点来处理，很可能是因为心学一派与传统士人一派的斗争。总之，当时任职金腾兵备的李材、副使陈严之，还有替代刘綖的游击将军刘天俸都因此下狱，同知宋儒、知州陈克侯也一并下狱，连黔国公沐昌祚都被罚俸一年，巡抚刘世曾被罢官。

苏酂的这封奏疏非常歹毒，他在奏疏中说："李材为了贪功，唆使游击将军刘天俸谎称滇西境外土司求援，然后派遣裨将杜栻、把总李朝等七人，提兵一千，从金沙江往西行军，结果没走到一半，夷兵已经退去了。杜栻等人就把军队驻扎在五章地区，这时候有夷人商船三十余艘经过，杜栻等人就认为这些商人是缅军，随即杀了这些商人百余人，俘虏四十二人充做军功。其实明军是因为烟瘴而病死了五百人，把总也病死了四人，但李材依然以大捷上奏，谎称斩首敌军数万级。

"当时李材已经升迁都御史，着急去郧阳赴任，他行至永平地区，就让同知宋儒、陈克侯等人以大捷上奏。都御史刘世曾派人去采集证据，李材手下原来统领的兵将怕首级与奏报的人数不符合，于是割下夷地病亡的男女和士兵的首级千余颗充数，然后把之前战役中擒获的俘虏七人、象两头、缅甸器物等六十三件也充了数。当时刘世曾已经起了疑心，但抵不过李材言之凿凿，而且时间久远，难以追查，只能以此奏报。

"臣以为当时那份奏疏就是欺君犯上！其一，密堵到腾冲的距离为两千七百里，到摆古的路程是一千八百里，为何李材派出的军队可以在一个月内往返？其二，七月十七日是李材生日，地方官员才给他庆贺生日，而他却称屯兵境外，那是谁下的指示？其三，密堵城一直以来没有城防系统，和遮鲁、博薛一样都属于村寨，或挨着蛮哈、或挨着孟密，互相都离得很远，所谓一时间能连破遮鲁八城从何而来？其四，报功说有三千首级，为何勘验下来不及千级？所谓被思化焚烧了剩下的根本就是欺诈一说。其五，李材等奏称夺获夷民一千二百四十六人，为何没有安置？应该是夷民不愿意，并不是明军解救了他们，这是明摆着胡说。其六，遮鲁八城，每城兵约两千人，算上密堵的精兵三百人、战象四百头，我军既然乘胜破敌，杀得对方尸横遍野，为何最后仅仅缴获器物六十三件？其七，号称拓地两千余里，为何孟密还是被缅军占据，蛮莫也还在思化手里？最后，阿坡等二十八寨都属于永昌，但从不奉送例钱，反而污蔑董瓮寨谋反，所以才有陈严之上报的猛广之捷，李材报的阿坡寨之捷，可见阿坡寨两千余人全部被杀光了充数。"

当时云南很多地方官员为此鸣不平。弹劾李材的御史苏酂认为李材把孟养和蛮莫土司打下的战功据为己有，实际上明军的战绩被夸大，斩首数目不符合实际，还列出了密堵城和腾冲城的距离为两千七百里地，质疑明军为何一个月之内就能往返？同时在明军数次战斗的战利品上做文章，认为破敌过万，最后就缴获兵器六十三件，那么缅军岂不是空手对敌？同时还有俘获牲口数量不符合、杀良冒功等等，列出七大疑点质疑李材的战绩。总之就是抠字眼找细节，一点一点把李材的功绩给否定了。不得不佩服明朝言官的厉害，无中生有也能打击你的要害。

消息报上京城，万历震怒，主要官员都被处罚，李材等人被关入京城监狱，等候处罚。

李材在狱中是这样为自己辩驳的："追剿缅军头目大囊长，确实是臣谋划的，但这是从滇西外户八章、罕囊顶之请，去援助他们的。杜栻等率军在遮浪击破缅军，也是我主导的。告我的人说我派出的部队其实毫无斩获，但此时蛮莫已经反叛了三年，滇西境外地区已经反叛了二十年，他们为何会派兵协助明军？又愿意一起与我抗击缅军？至于说我们杀夷人商人，割去首级充功，也不想想从金沙江去五章地区有七八百里远，又有烟瘴，长期居住在那里的居民尚且不怎么往来，商人们怎么会在大兵过境的战争时期大张旗鼓地经过？而且当时是盛夏酷暑时期，我军士兵虽然病死了五百人，但这五百人不是一下子病死的，而是一路上行军途中逐渐死去的，死去一位就在路边埋葬一位，怎么会在数月之间在一个地方聚集起尸体？而且还不腐烂？更何况让士兵们砍掉同袍的首级，必定触发兔死狐悲之感，士兵们怎么会愿意去做？臣虽然愚钝，但也不会这样做，至于之后报功说斩首数目差数千级，那时候臣已经前往郧阳任职，走到永平时，才听到刘天俸的报告，因为报功的时候臣已经离开，后面查验出问题，反而责怪臣，臣怎么能知道呢？至于阿坡寨之战，其实是阿坡寨早已图谋不轨，一直被当地百姓怨恨，臣也通报云南有关官员，以副总兵邓子龙前去征讨，生擒对方一百人，斩首五十级，这些都有证据的，说臣等杀戮当地两千人简直就是冤枉、诬告！希望陛下哀怜臣下，明察秋毫！"

而游击将军刘天俸更是从军事角度解释首级和兵器数量不符合的原因，逻辑严密，可信度高。

刘天俸针对苏酂的弹劾，是这样解释的："思明、思顺等人投缅后，缅军头目大朗长（大囊长）来索取思顺家属，很多人都被他抓去了，唯独思顺母亲罕送畏惧被缅军杀害，不愿意前往，臣就以此机会乘机招抚他们，以拉拢蛮莫土司。我当时派遣裨将寇崇德前往蛮莫招抚罕送，罕送本来就怨恨缅军，随即派兵杀了缅军头目大朗长，于是云南当地官员就奏请赐给罕送冠带，让她继续为大明管理蛮莫。

　　"之后，孟养也想效仿蛮莫，准备赶走缅甸驻地官员，但是事情败露，缅军驻扎在孟养的将领散夺等率军逃走，缅军得知后重新派出大将率军进攻孟养。当时确实如有司官员奏报，已经是六月初了。孟养派遣户八章、罕囊顶前来求援，说缅军象兵很厉害，必需汉军的火器才能破之。当时三宣地区没有从内地调兵的权限，所以李材才派遣偏将杜枝、李朝和范斌等带兵前往援助，而且斩获颇多，所获战利品都汇集在密堵。罕送还专门运了五百首级前往蛮莫，等候查验。

　　"但是孟密思化之前和思顺有仇怨，所以嫉妒罕送的军功，派兵把首级等焚毁，而其他斩获的首级也因为酷暑而腐烂掉了，加上老鼠、野狐等毁伤败坏，最终统计只剩下遗骸一千零九十九级，所以与上报的数量有差距，但我等已经如实禀报了。至于言官告臣说臣夺获夷人纯属欺诈，臣怎敢欺诈陛下？当时臣实际上已经把俘虏安置在孟养、孟革、夏撒一带，安置过程没有掩人耳目。而且当时滇西境外地区比如遮些、猛戛等五十余寨投靠缅甸后又反正，臣犒赏他们达三百金，而且还让云南三司发了榜文，至今仍在，怎么可以说我们没有收获？

"至于俘虏众多，所获的盔甲戈矛却只有六十三件一事，这个言官说对了。但当时缴获的器械如果有制作精良的，士兵们往往匿藏起来自己用了，交上来的只有十分之一，臣也知道士兵们会这样做，而且当地瘴毒较重，士兵在这些地区待久了，瘴疠交替侵扰，士兵多有伤病行军困难，连军械都会丢弃，哪里还有余力来照看这些多余的物品？如果如言官所言的，士兵割首级充功，为何不把散落的兵器一起上交？这样不是更能起到佐证功绩的作用吗？！"

李材与刘天俸的辩驳有理有据，很多官员看后也倾向他们是无辜的（而且从弹劾的文章来看，苏酂本身是一个纯文人，对于地理概念是很模糊的，两千七百里地的距离，从腾冲都可以到今天泰国首都曼谷了，就算是到密堵往返距离也没这么远，折算成崎岖山路也达不到这个数值，密堵等缅甸城市的城防系统虽然不像明朝那样都是石头城墙，但木制城墙是很常见的，缅军非常擅长修建，而且密堵也并不是小村庄。可见当时的言官也就是闻风造势，写"小作文"胡乱怼人）。不过陈严之则直接把罪名都推给了李材，说自己只是奉命行事，刘世曾则极力辩白自己与此事无关，完全不顾自己和李材的同年之谊。万历收到这些消息后，下令秋官（刑部）尚书李世达、御史大夫吴时来、廷尉李栋商议处理办法。三人讨论后，认为李材等人的辩驳有理有据，请求万历免除李材和刘天俸死罪，陈严之、陈克侯、宋儒三人贬官一级即可。但万历皇帝并不满意，他还是认为李材等人虚报功绩欺骗自己，其实万历更可能是觉得面子上过不去，所以依然判李材死刑。

这时候，申时行等人开始出来求情，但万历似乎和这个问题杠上了，谁求情就处罚谁。南京工部主事许孚远因此被贬官二级外调，连孟养的使团抵达京师后，本来是"感天兵救助威德"，但听说帮助自己的李材已经被抓入狱，纷纷痛哭流涕，悲伤不已，一时间搞得万历有点下不来台。同时陆陆续续有李材故人及京城官员跑去看望李材，为他求情，李材也没有停止过申诉。前后五年时间，先后给李材求情的奏折多达五十余封，万历不得不下旨继续审理此案，但是就是不放人。此时北边的女真已经崛

起，万历开始讨厌以往司空见惯的虚报边功，李材一事正
好触碰了他的红线。

当时有官员说，如果支援土司的李材因此被杀，缅北
土司很可能再次动摇。李材如果被处死刑，那丢失城池的
将领和作战失败的将领是不是必须死刑？甚至还有人弹劾
苏酂，说他拿人钱财才替人诬陷李材的。最终，万历还是
扛不住舆论压力，万历二十一年（1593），云南御史薛继茂
请求万历释放李材，万历才就坡下驴，释放了李材。刘天
俸也获释，他本来就擅长火器战法，就继续回到军中服役
了。但李材当时已经年老体衰，万历虽然释放了他，依然
判李材流放福建漳州的镇海卫。巧的是，之前替李材求情
被贬官的许孚远后来巡抚福建，正好与流放此地的李材见
面，二人唏嘘不已。最终李材还是被赦免，回到了自己的
家乡，落叶归根。万历三十五年（1607），李材病故，享年
七十九岁。他被关入狱中的时候，依然没有停止讲授心学
（虽然也有学者认为李材其实是反心学的，他对他的老师
邹守益有很多批判，反而更接近后来的东林派，但这不在
本书讨论的范围），被流放福建的时候，也在坚持讲学，其
门下弟子众多。李材这一生算是践行了文武双修、知行合
一的理念，无愧于所学，但明末的官场腐败，已经不是一

两个李材可以挽救的了。就在他被下狱的那一年，云南边疆又出事了。

二次兵变

万历十六年九月，缅甸莽应里又起兵攻打孟密。孟密宣抚使思忠之母罕烘当时执掌孟密大权，但她抵挡不住缅军，只能带着小儿子和孙子往孟广地区逃亡，孟密土司城重新被缅军占领。十月，蛮莫也跟着再次投缅了。思忠被缅甸重新立为孟密土司，蛮莫的思顺则一直待在缅甸。此时，明朝重新设立安抚司后颁发给孟密、蛮莫的印信居然才到云南，这距离上次反击缅甸已经过去了两年多时间了，明廷只能让思忠之母罕烘和思顺之母罕送代领印信，以示二地仍在明朝管辖范围之内。

万历十七年（1589）正月初十，孟密同知思化因为不服缅甸占领孟密，带着儿子投奔蛮莫，此时虽然蛮莫思顺已经投靠缅甸，但实际权力还是在他母亲罕送手里。和之前一样，罕送因为惧怕孟密思化带兵来洗劫，便再次带着儿子逃往腾冲城，蛮莫又一次被孟密占领。虽然蛮莫名义上一直归孟密管辖，但平时基本各管各的，此次思化前来，就是以管辖蛮莫的名义在蛮莫横征暴敛，滇西边境再次混乱。

罕送抵达腾冲城后，云南巡抚萧彦上奏朝廷，认为蛮莫地理位置重要，应该重新收复蛮莫，但兵部认为不要轻易动兵，最好是能劝说思化投降，万历同意了兵部的意见。于是，萧彦密令抚夷同知漆文昌前往蛮莫招降思化。漆文昌是江西新昌人，早年一直在知县一类的小官上徘徊，调任云南后也是同知这样的五品官，仕途一直没有起色，但此次他的表现，为他日后的升迁带来了巨大帮助。

大家都以为朝廷还会像之前一样出兵剿灭叛乱，但不知道上次能顺利出兵，李材费了多大的功夫，为此还惹上牢狱之灾。接到命令后，漆文昌没有借兵，他更无权调兵，随从衙役也不能带，因为巡抚给的是密令，越少人知道越好，所以漆文昌只能一个人去。他一介书生骑着马，从腾冲往蛮莫的思化大营驰去。疾驰三百多里，过了三宣地区后，就进入了蛮莫地界，漆文昌换上大明官服，单骑入营。思化看到这个场面当时就被震住了，他认为明朝敢派一个文官独自一人前来劝降自己，那么显然是根本没把自己放在眼里。

漆文昌进入思化营地后，直接宣读了朝廷的法令。思化毫不犹豫地下跪乞降，但也说出了一个条件。他说蛮莫思顺再次叛明归缅，不配管辖蛮莫，而自己在上一次反击战中，协助明军作战是有功劳的，现在孟密被缅军占据没有地方可去，希望能寄食在蛮莫土司城。漆文昌本来就是孤身一人前来，对于思化愿意投降，已经是喜出望外，而思化提出的要求虽然有点勉强，但自己也没有能力制止，所以干脆答应了思化。不过正是这个许诺，让在缅甸的思顺更加怨恨明朝。为了夺回蛮莫，他开始有事没事引缅军袭击蛮莫，为日后留下了隐患。

还没等明朝庆幸兵不血刃地收复蛮莫，云南内部又出事了——明军再次兵变了。只不过这次兵变的罪魁祸首变成了邓子龙。那这次兵变究竟为何呢？

其实邓子龙在云南立功后，虽然谈不上居功自傲，但确实也在想方设法地留下自己的功绩。就史料记载和现存的遗迹来看，战后在滇西地区一共修建了八个相关的纪念建筑，分别是：见罗书院、忠义祠、邓将军祠、清平寺、鸣鼓营碑、全胜关、血战桥和万华馆。

其中见罗书院是邓子龙和知府陈严之一起建的，见罗是李材的名号，可见他其实还是认可李材的。忠义祠是邓子龙为阵亡的明军将士建的。邓将军祠是谁建的不知道，

其余几个都是邓子龙主持修建的。八个纪念建筑，六个是
邓子龙自己修的，虽然也算有正当理由，但也不免让人认
为邓子龙是在刻意宣扬自己的功绩。其实，邓子龙在驻扎
地的名声一直不错，驻扎腾冲的时候，和顺的寸氏家族还
给他送出过一幅"白发朝仪"的牌匾。寸家从祖辈寸文斌
开始，就一直在朝中做官，寸文斌儿子寸玉是正德十一年
（1516）京师鸿胪寺序班，负责的就是缅甸语的口译工
作，寸玉的侄孙辈也都是鸿胪寺序班或者四夷馆缅甸馆的
教师，可以说整个家族都是研究缅甸的，可见邓子龙在驻
扎期间也在收集缅甸的情报。

　　其实光是建些建筑，纪念一下也没什么。但刘綎出事
后，朝廷把腾冲、姚安二营合并为一个营，由邓子龙统
领。邓子龙对二营士兵并不公平，伙食待遇上都是原来的
姚安营士兵比腾冲营士兵好，到发军饷的时候，邓子龙往
往以大米来替代饷银发给腾冲营士兵，甚至连大米都不能
按时发放，姚安营的士兵还时不时地欺凌腾冲营的士兵。
半年之后，腾冲营忍不住了，准备散伙走人。兵备姜忻赶
来抚慰，暂时平息了骚动。收到消息的邓子龙急忙往营地
赶，一进营地，姚安营的士兵也闹起来了，因为他们也被
欠饷了。但邓子龙率先考虑的居然是解散腾冲营士兵，于

是腾冲营士兵再次暴乱，乱兵一拥而上开始四处劫掠，并且往永昌城方向奔去，吓得永昌赶紧关闭城门，事态进一步恶化。

邓子龙真的没钱给士兵吗？他作为一个名将，不可能不知道如何统兵，如果说士兵军饷都发不出了，这么多纪念战功的建筑是谁出钱修的呢？这点上邓子龙似乎说不过去，而且偏袒姚安营士兵，一碗水端不平也是事实，现在激起兵变，邓子龙实在是难辞其咎。另外还有说法，是说邓子龙在打赢三尖山战役后，没有给协助出兵的北胜州、澜蒗州土官请功，导致两地土司一直怨恨此事。但若要全赖他，也是有点冤枉了，因为云南当局确实拿不出钱了。

之前说过，姚安、腾冲两营兵员一万，每年耗费饷银17万两，得从各省借调，云南一地根本负担不了，而且转运成本高，故粮饷不能按时发放，所以云南官员也提出要裁军，并让土司们以粮食替代原本需要给朝廷缴纳的差发银，充做明军军饷。李材一案后，云南巡抚萧彦也同意拿米来替代饷银，让士兵自己拿米去换东西。弹劾李材的御史苏酂直接建议裁撤边远地区的驻军和驿站，萧彦也认为这些客军不调走，永昌等五个郡县是无论如何都负担不起的。

就这样，万历十七年云南正式裁军，刘綎等人建议设立的边境驿站系统大部分被裁撤，明军建立的军事威慑基本消耗完毕，滇西地区又回到了以前的绥靖状态。明朝只设立腾永参将一人，统兵两千人，以随时支援孟养等缅北土司。姚关、顺宁、蒙化均从千户所改为守备，撤销原戍驿卒，新设立的腾永参将和两千士兵的粮饷，也让滇西土司负责。这一裁撤，就导致两营士兵直接炸营了。腾冲营闹事在先，姚安营后来也跟着哗变，数千人本来就要被裁撤，如今军饷还欠着没发，不如闹他一闹，好过空手回家。

原本彼此不对付的两营士兵，这时候反而形成了统一战线，乱兵汇集了四千多人，要求明朝给每人18两治装银。万历十七年（1589）三月，乱兵开始劫掠永昌地区，还把漆文昌抓为人质。四月十一日，他们进入省城昆明地区。御史杨绍程汇报给巡抚萧彦，萧彦等人担心乱兵途中会乱杀无辜，赶紧与黔国公征南将军沐昌祚商议对策，沐王府有近万府兵，昆明地区也有数千，联合起来应该能维护基本的治安。乱兵行至板桥堡，沿途过道都举起旗帜，敲响军鼓，骑着马横冲直撞，专门斩杀落单的行人，以向朝廷示威。

但这些乱兵没有对还在驻防的明军动手，单单劫掠百姓。乱军抵达杨林千户所，前来平叛的明军因为与叛军都是军中袍泽，都是一起上过战场的，也没人上前阻拦。一时间，道路上杀狗的、卖酒的等各色商户全部关闭铺子躲避乱兵。乱兵每到一处就派数十骑兵做先锋，冲入客栈、酒馆等店铺，强迫店家备好酒肉，每当店家关门或者逃走，乱兵就直接破门而入，砍掉大门，然后抢掠食物自己备餐，吃完再洗劫一空。

正当乱兵无法无天的时候，萧彦带兵赶来了。萧彦派人拿着令牌通知平叛的明军，本来不愿动手的明军知道都御史兼巡抚萧彦亲自坐镇，不敢违抗军令，开始动手捉拿叛军，叛军也开始还击，双方陷入混战。但这些乱兵毕竟是身经百战的老兵，十分悍勇，有乱兵身中六刀，居然还斩杀了五个明军才死。不过因为乱兵没有组织纪律，所以都各自为战，很容易被击溃。明军在大河口歼灭叛军主力，斩首84级，抓获680人，解救俘虏百姓330人，马匹、骡子582头，这次的叛乱才被熄灭。

叛乱平息后，萧彦下令云南各部严查此事。毕竟大部分士兵也是因为欠饷而闹起来的，全部处理也会引起新的震动，所以只处理了那些带头闹事的。有很多被裹挟的士兵是因为在军营被洗劫了行李，又没有钱在身上，才跟着起来闹事。萧彦下令释放了1300多名被俘的叛军，用叛军劫掠来的银两发给他们当遣散费，打发他们走了，这次兵变才算真正结束。

兵乱平息后，留下来的两营士兵以腾冲营的 2200 人为主力。因为人数减少，维持滇西地区的防务力量空虚，加之这些兵本是募兵，于是朝廷下令在当地土著中征召人员作为新兵补充，如果土著招不满，就再征召当地的汉民，若实在招不满，再考虑让军屯地区的壮丁补充进来，但前提是不能再让那些流民、罪犯以及犯过事的兵痞入伍。同时，挑选两名武艺高强的教头，教习新兵各种武艺，并在校场会操考试，按照士兵武艺的高低给予赏赐。

至于剩下的姚安营士兵，除了把总、哨官等基层武官外，都按照土司兵待遇，参照 200 名队长、1800 名士兵的编制，每人每日增加 3 厘白银，让他们自己去购买军粮。腾冲营新征召的土著兵，也按照姚安营的待遇发放兵饷。整顿后的两营士兵人数虽然有所减少，但军纪提高了不少。

明缅再战

兵乱虽然平息了，但邓子龙脱不了干系。万历虽然念在他有军功在身，但依然下令革职查办。本来在云南风风光光的他，一下子就被关进了监狱，这和刘綎一个遭遇。这两个老乡在竞争路线上也堪称是前赴后继，你出去了我再进来。此时刘綎早已起复，征讨完云南境内的罗雄土司叛乱后便离开了云南。邓子龙则会再走一遍这个过程，因为缅甸的再次入侵，改变了他的命运。

万历十八年（1590）五月，缅王莽应里为了报遮浪一战丢失密堵、送速两城的仇，再次起兵进攻孟养。明军裨将李朝宗带兵与思远抵抗缅军。此时的孟养土司思远手里只有 50 人，根本抵挡不住，于是弃城逃往孟拱城。缅军焚烧孟养后继续东进，明朝在滇西三路布防，以免缅军进占三宣地区。孟拱与孟养两地土司虽然都是麓川王国后裔，但早已分治多年，思远在孟拱城加固防御，修挖堑壕，同时派人向明朝求援，准备在此抗击缅军。丢失孟密逃往孟广的罕烘与盘踞蛮莫的思化听说思远放弃了孟养城，对明朝表示自己可以出兵讨伐思远弃城之罪。这时候孟拱土司才知道，思远原来不是抵挡不住缅军，而是压根没有抵挡，跑自己这里来进行防御，准备在自己家门口与缅军开战。

孟拱土司觉得自己被耍了，于是给明朝送信，说缅兵其实是思远引过来的，自己不知道。云南地方官员正派人查证此事的时候，缅兵已经打入孟密境内的孟广了。这次莽应里让自己小儿子明基囊领军，意图就是拿下孟密、孟养全境后，再进攻孟卯（今云南瑞丽）、蛮莫，然后重新拿下明朝的三宣地区。

缅军持续推进，身在孟拱的思远不断派人到明朝求援。黔国公沐昌祚和新到任的云南巡抚吴定决定派把总刘朝率军前去增援，但此时明军因为刚闹完兵变，能派去的人并不多。本以为明军火器一到，缅军还会一触即溃，但这次缅军北上的人马有数万，孟拱和刘朝根本抵挡不住，孟拱土司城被缅军攻陷，思远带着儿子往云南盏西（今盈江县内）地方逃窜。莽应里再次拿下孟养和孟拱后，在二地重新设立驻扎机构，孟养、孟拱再次归缅。

同时，缅军又攻破了孟广，原本逃入此地的罕烘带着儿子思礼以及先前投缅的思忠妻子甘线姑逃往陇川，其余头目也都逃散了。至此，孟养、孟密原辖区基本重新被缅军占领，万历十四年明军反击的战果基本丢失，明缅边境回到了战争最初期的样子。

万历十九年（1591）正月，缅军继续北上，进攻蛮莫，这是明朝在滇西境外最后一个土司据点了。寄食蛮莫的思化这次倒是拼死抵御，但缅军势大，思化手里虽然有几千土司兵，却也坚持不了多久。如果蛮莫丢失，下一个目标就是陇川等三宣地区了，然后又是腾冲，永昌又会告急，而更糟的是，这时候的云南已经没有像样的兵马可以支援蛮莫了。兵变闹完，能打的老兵已经遣散了大半，将领也都裁撤了不少，目前滇西地区兵马加起来不足三千人，缅军则有几万人，有谁可以挽救这个颓势呢？

还是得邓子龙出马。二月，新任巡抚吴定已经顾不得什么审判了，请邓将军先把缅甸人赶走我们再说其他的。于是吴定奏请朝廷重新起用因为兵变被革职的邓子龙，朝廷准了，邓子龙在牢里没关上两年便又出来了。二月二十七日，蛮莫已经弹尽粮绝，云南当局有点坐不住了，让邓子龙赶紧整顿兵马，反击缅军。邓子龙一出来就马不停蹄地重新集结部队，但他发觉人马比以前少了太多，仓促出兵只会适得其反。这下明朝不得不重新在云南发布告令，把遣散的士兵召集回来。

三月二十二日，蛮莫还在拼死抵抗，明朝发布悬赏：有能生擒莽应里儿子明基囊的，或者能抓住投缅的孟养、阿瓦等土司头目的，超升世职！不但升官，还允许世袭！如果能招降投缅土司的，也重重有赏。斩敌一人，首级每颗十两银子，如果抓获缅军奸细，或者俘获战象一头，赏银六十两。斩杀战象者，赏银三十两。如果有卧底反正，带着情报来投并且起了效果的，大明也有嘉赏！

果然，重赏之下必有勇夫，应征者云集，明军再次补充大量老兵和土司兵。明朝同时征姚安、鹤庆、北胜的土司兵一起配合明军作战。至于军饷，则直接调集四川的库银十万两接济云南，又请求南京户部动支库银十万两给云南，筹集了二十万两银子作为储备，以防再次欠饷。

重新集结起兵马的明军往永昌地区进发，这时候缅军的斥候回报明基囊，说明军大部队已经抵达。本来已经打算绕过蛮莫、直接进攻三宣地区的缅军再次折返，准备先拿下蛮莫土司城，然后据守阻击明军。缅军折返后发觉渡江的浮船已经被邓子龙派兵摧毁，赶忙让人修好船只，然后开始乘船渡江。明军先锋部队追至那莫江时与缅军撞上了，双方接战，撤退心切的缅军淹死无数，蛮莫城内的思化顺势派兵夹击缅军，斩获颇多，但无奈无法与明军汇合，只得再次退回城中。撤退回来的缅军也顺势围住了蛮莫，思化告急。这时候邓子龙已经率军抵达了南甸宣抚司南部的罗卜思庄（今云南梁河境内），当时正值中南半岛的热季，天气酷暑难耐，大军无法前行，于是邓子龙让裨将万国春选精壮老练骑兵二百人，作为明军先头部队前去增援思化。

出发前，邓子龙嘱咐万国春，一定要趁夜进攻，我们人少，务必在夜晚多举火把迷惑缅军。万国春领命后带着二百骑兵出发，当明军赶到蛮莫城外后，缅军正在围困土司城。万国春等夜幕降临，把人马带到附近山上，下令每个士兵都拿出备好的火把点燃，山上树木茂盛，每个士兵都在树上插上两个火把，自己再拿三个火把，然后尽量在高处走动。时机一到，万国春一声令下，登时山上战鼓雷鸣，明军一齐高声呐喊，声势浩大！围城的缅军听见声响转头一看，只见山上火光通明，锣鼓喧天，以为明军大部队已经抵达，吓得赶紧撤退。万国春随即下令追击！蛮莫土司城内的思化看明军已经抵达，缅军已退，也下令土司兵出城追杀，明军和土司兵连着追赶了缅军五天时间，缅军边打边退，明军斩首87级，俘虏缅军23人。

本来还想乘胜追击，多收复些失地，但御史冯应凤认为这时候缅北地区瘴气已经开始，明军深入会大面积染病，而且穷寇莫追，建议部队先班师回营再做打算。于是，思化率军回到了蛮莫城，万国春也率部回到了邓子龙军中。五月十一日，朝廷开始论功行赏这次反击缅军的明军官兵。邓子龙这次算戴罪立功，可以既往不咎了。云南巡抚吴定建议，秋冬之时派人前去暹罗和缅甸南部孟人区域，联络他们一起进攻莽应里。这时的暹罗纳黎萱王已经复国并且稳住阵脚，而且刚刚击溃了莽应里入侵的大军，阵斩了缅甸太子，声势正旺！暹罗军队和缅军作战多年，战法类似，互相熟悉，吴定考虑派人去暹罗联合夹击缅甸，也在情理之中。但最后吴定有没有派人抵达暹罗，明朝史料中却没有记载，泰国也没有史料记载。

六月十七日，兵科给事中张应登建议腾越参将移驻陇川，靠近前线以便指挥，又建议明军单独建立火器营、精锐士兵数营以备缅。同月，莽应里派使节前来，拿着贝叶文书，希望能和大明建立外交关系。但明朝早已知道缅甸的这种手段，军事失利的时候就以求和来迷惑、拖延对方，一旦准备充足，又会马上翻脸。所以吴定只是按照程序让人制作了榜文，派人送缅使回去，没有接受缅甸的请求。

万历二十年（1592），刚刚重新攻下的孟密又再次投靠缅甸了。这次的原因比较奇怪，不是缅军进攻造成的，而是孟密自己内乱了。原来，以前的孟密土司思忠投靠缅甸后，其母亲罕烘和妻子甘线姑不愿意前往，坚持留在孟密，思忠的弟弟思仁也留了下来。缅军进攻后，甘线姑和婆婆罕烘去了陇川，思仁跑去了雅益。孟密自古出美女，成化年间开宝井一事闹大，便是明朝官员看上了当地土司的小妾，这次是思仁和自己的嫂嫂甘线姑好上了。[①]

思忠投靠缅甸后，思仁就和嫂嫂有了私情，非要娶嫂嫂为妻，但母亲罕烘一直不允许，思仁此次带兵从雅益进攻陇川，就是要把嫂嫂抢回去做媳妇。陇川宣抚使多思顺早就从罕烘那里知道了此事，所以派兵防御好各处。思仁发觉没有攻下陇川的可能，而自己出兵到三宣地区的举动也犯了明朝的忌讳，索性带着头目丙测一起投靠缅甸去了。莽应里喜出望外，直接任命思仁为新的孟密土司，还派兵协助思仁去侵扰云南边境。

由于思仁的不断侵袭，明朝只能将罕烘等人移往内地芒市土司处安置，但缅军并未就此罢休。六月，莽应里再次派人拿着缅文书信去招降三宣地区的土司。明朝派人拦截缅使，让缅使速速折返，不要生事。莽应里根本不认为三宣地区是明朝的，认为这里和缅北其他土司一样，是可以效忠东吁王朝的，因为明朝也没有派军驻扎，不能算是

---

① 与东吁王朝一样，缅北的掸傣地区在当时也是一夫多妻制，而且血缘群婚、姐妹婚、收继婚等婚姻形式共存，所以思仁与其嫂妇上不足为奇。

明朝领地。而且缅甸如果要征服东边的暹罗，缅北必须平定，不然就会有被抄后路的危险。

果然，九月份，莽应里命令缅甸的阿瓦以及孟养土司出兵，再次进攻蛮莫。这次思化抵挡不住了，往陇川的邓子龙驻地逃去。邓子龙此时已经重新任职参将，他率兵在等练山迎击缅军，缅军则开进到了边境地带的遮遘，与明军对峙。邓子龙没有多作等待，他已经与缅军打过多次交道了，完全熟知缅甸战法，直接带着明军对缅军阵地发起冲锋，双方在控哈（当在今天中缅边境陇川南侧一带）展开混战。

缅军这次也丝毫不退让，对明军发起冲击，明军火器齐发，铺天盖地地打过去，缅军也以火炮以及葡萄牙人提供的火枪向明军阵地轰击，标枪手也纷纷往明军阵地投掷，双方互有伤亡。白刃战阶段，缅军手持双刀、长枪、刀盾与明军激战。邓子龙发觉缅军已经逐渐熟悉了明军的战法，开始能在野战中稳住阵脚了，但此时顾不得这么多，他只能继续率军冲杀，论近身白刃战，明军的装备整体上还是要比缅军精良一些，虽然缅军的缅刀质量上乘，但大规模列装部队的还是标枪长矛居多。明军在混战中阵斩缅军百余人，但把总李朝、岳顺在混战中牺牲。李朝这

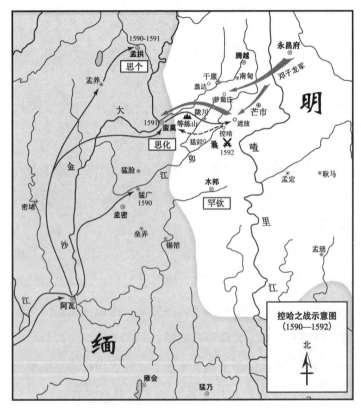

谢信业制图

个在明缅战争中战功赫赫的老将还是没能衣锦还乡，最终马革裹尸，战死沙场。

随后明军奋起杀敌，把缅军打退到大盈江边的沙洲处，缅军开始往江对岸渡走，明军追到江边，发现没有渡船，如果要备齐让大军渡江的船只，需要耗费很多时日。邓子龙这次本来只是陆上反击，没有做好水上进攻的准备，所以就率兵在江边驻扎，和缅军隔江对峙，两军就这样隔江而望了一个多月，最后缅军认为没有什么便宜可以占，也不愿发动进攻，决定撤军。邓子龙再一次击退了缅军。

十月二十一日，朝廷论功行赏，云南巡抚吴定、黔国公沐昌祚、兵备副使张文耀、云南布政使文作、抚夷同知漆文昌、蛮莫思化等都受到封赏。而邓子龙却又被人弹劾了。关于他此时的境遇，史料中记载不详，只知道后来他回到了老家江西，结束了他在云南长达九年的军旅生涯。两年后他在家乡建立了元戎第，终日以诗书自娱，这也挺符合他的一贯作风。他与他的老乡、老对手刘綎一起，在几年后去了朝鲜，开始了与日本丰臣秀吉军队的作战，真可谓是一对老冤家。

此后，明缅之间又恢复了一段时间的平静。万历二十一年（1593）四月，湖广道监察御史薛继茂从家乡云南的角度给万历上书，提出了九条意见方案。其实这些方案和之前云南当地熟悉边情的官员提交的类似，都是希望屯田、宽承袭、练兵等等实用之策。但明朝此时就算有心，也很难执行下去了。朝鲜战事已起，丰臣秀吉已经入侵朝鲜，明军的重心全部放在了北边，西南的事情只能拖一拖了。

六月，莽应里派人出使云南，因为此时他与暹罗的战事吃紧，需要稳住后方，云南巡抚吴定收下了他进贡的大象、金盒和金缎。薛继茂这时候再次上奏，说应该允许莽应里朝贡，朝廷准了他的建议。十一月，莽应里再次派他征服的孟艮（今缅甸景栋）土司等代表他出使云南，带着大象等宝物，希望能朝见万历皇帝。但薛继茂拦住了，缅甸都没有正式与大明重新建立朝贡关系，直接到北京去朝贡那是不行的，这是僭越的死罪。应该派人去通知莽应里，让他准备好金叶缅文，正式称臣纳贡，同时把侵占的明朝土司地区退还出来，这样方可朝贡。

御史李本固、黔国公沐昌祚以及新到任的云南巡抚陈用宾认为这个建议可行，就派使节去通知莽应里。结果是显而易见的，自认为和大明皇帝是平起平坐的缅王莽应里根本不见明朝使节，而是做出了他自己的回应。

第九章

腾越八边关

莽应里的回应

大明万历二十一年（1593）十二月，之前投缅的原蛮莫安抚使思顺在缅甸去世，莽应里便选了一个叫允墨的新傀儡，让他继承思顺的位子，成为蛮莫新土司，以示蛮莫属于缅甸控制。允墨获得缅王支持后，前往缅北各处召集人马，上一次战争投降缅甸的孟拱、孟养，还有盘踞孟密的思仁等土司纷纷响应允墨，要帮助他攻占蛮莫。

然而实际上，这时候的蛮莫仍然在思化手里，他虽然是外来的土司，但几次反击缅军有功，已经在当地获得了威望，而蛮莫是明朝介入整个缅北的第一站，也是代表明朝势力仍然在缅甸前哨的标志。所以蛮莫存，则三宣安定，诸土司就还认大明；蛮莫失，三宣就变成了前线地区，诸土司就会投靠缅甸。

允墨纠集各部后，带领诸土司兵数万、战象数十头，浩浩荡荡地往蛮莫开去。这是莽应里对明廷让东吁王朝正式称臣朝贡的回应，只要他能缓过一口气，就会不断侵扰云南。允墨大军抵达蛮莫后开始攻城，思化这次孤立无援，很快就败下阵来，弃城而逃。允墨军队追赶思化至等练山一带，发觉明军在此布防严密，没有什么机会，于是退军二十里驻扎。明军见势也随即往前扎营二里，和敌军形成对峙。

允墨在蛮莫站稳脚跟后，莽应里开始派缅军增援蛮莫。缅军陆陆续续扩充了大概一两万人，在蛮莫扎下了九个大营，深挖壕沟，做出长期驻扎的样子，准备随时进攻三宣地区。等人马集结完毕后，缅军兵分三路进犯大明。一路人马进攻遮放、芒市地区；一路攻干崖宣抚司腊撒地区，然后攻打腾冲；一路走杉木笼山，进攻陇川宣抚司。缅军大军冲破明军在等练山前的防御，陇川宣抚司多思顺突然遇袭，溃败后逃往孟卯。

缅军的进犯导致滇西地区再次陷入紧张状态，新任不久的云南巡抚陈用宾紧急部署反击计划。他的到来，将长期改变滇西地区的局势，他也是晚明时期云南官场上的一个重要人物。

陈用宾，福建晋江人，字道亨，隆庆五年（1571）中进士，先后在广西、湖广任职，官运还不错。万历二十一年（1593）巡抚云南，这一干就是十七年。陈用宾一到任就要面对缅军的进攻，这次进攻可以看作是莽应里给他的下马威或是一次上任测试。

陈用宾紧急作了部署。万历二十二年（1594）正月，他移驻永昌城，缅军当时已经打下蛮莫，并且进兵等练山区域。陈用宾强调"蛮莫不可弃"，蛮莫在，大金沙江西岸的各路土司就还归顺明廷；蛮莫如果一丢，木邦、八百等土司第一时间就会投靠缅甸。二月二十三日，陈用宾上奏朝廷缅军进犯，朝廷让四川借调库银十万两充作军饷，供陈用宾调度。陈用宾有了军饷后立即开始调度兵马：他以都司钱中选、张先声为偏将，同知姚允升为监军，让参将王一麟传檄周边各土司，集结明军和土司兵准备应战，同时黔国公沐昌祚也加紧调兵协助，明军开始有序集结。

陈用宾把部队分为了四路，以参将王一麟一路出兵夺回等练山；中军由卢承爵率领，出雷哈；都司钱中选、张先声率一军出蛮哈（今云南盈江县境内）；守备张光胤率一部出打线（今云南瑞丽市等秀村），约定三月二十六日合并一处进攻缅军。虽然是兵分四路，但实际上人马只有东西两路，东路军由都司钱中选、张先声统领，从南甸出发至干崖宣抚司，然后走蛮洒进攻蛮哈。东路军率先抵达蛮哈，钱中选率部出击蛮哈上关，缅军猝不及防仓促应战，明军首战告捷，斩首缅军 26 人，俘虏缅军 1 人，获马两匹、器物 43 件。西路军也从南甸出发，经过罗卜思庄、杉木笼山、陇川宣抚司然后进攻蛮莫。本来两军是要汇合的，但西路军的战斗没有东路军那样顺利。

西路军由参将王一麟坐镇陇川，本来的计划是钱中选和卢承爵的部队都顺利完成作战任务后左右出击，王一麟的部队则稳住陇川防线，让明军不会被缅军切断后路，同时重新形成的三路明军可以互为掎角之势。但当东路军取得预期胜利后，西路军的卢承爵部出现状况了。从万历十一年开始，缅军到如今已经和明军反复拉锯，打了也有十一年的仗了，虽然战争规模一直不大，但交手这么多年，明军火器再厉害，缅军也逐渐摸清了明军的战术以及作战风格，只要能冷静应对，机会也不是完全没有。

卢承爵这一回就是中了缅军的计。缅军先是以六七人的小股骑兵在江边饮马、洗澡以迷惑明军，卢承爵先锋部队一发现这一小队缅军，马上就冲过去斩杀和俘虏了全部人马。明军以斩首六级，俘获缅盔一顶、缅刀一把上奏报捷。几天过后，缅军又派来一小队人马，这次是一头战象和几个骑兵，算是以最基础的一个战象作战单元来试探明军，结果卢承爵也毫不犹豫地派人击溃并俘虏了这小队人马，同样上奏报捷。

　　明军本来也应该有所警觉的，一般人都知道缅军一小股一小股地派人过来，应该就是试探或者麻痹自己。但还没等卢承爵摸清缅军的心思，缅军已经从蛮莫撤退了。这一下卢承爵就顾不得这么多了，赶紧派兵重新占领了蛮莫，因为收复蛮莫是明军第一目标，这个功劳可不能让其他人抢走。但似乎是缅军的动向真的让卢承爵认为缅军怕了明军，因为以往的野战中缅军都是吃亏的，这次明军大部队出击，缅军退走也在情理之中，卢承爵不及多想，下令部队追击并清除陇川境内的缅军。

　　结果追击的明军和缅军在栗柴坝（也作栗紫坝）相遇了。缅军本来有一支部队是从陇川进攻芒市的，追击的明军和撤退的缅军撞上了，明军果断突击，缅军果然一触即溃。明军斩首 56 级，缴获缅军器械 224 件，眼看就是一场大胜，卢承爵决定继续清剿缅军。就这样缅军一路退，明军一路追，就追到了附近的崖箐地区。明军根本不知道缅军早就在这里埋下了伏兵，卢承爵督军向前，结果明军部队在通过一半的时候，缅军突然四路杀了出来！原本逃跑的缅军也折返冲锋，卢承爵部一下子就被截成两段，而且首尾都被夹击，陷入了苦战之中！

　　缅军蛰伏多年，这一次终于抓住了明军破绽，随即枪炮齐发，标枪、飞镖、弩箭等等都往明军所在招呼过去。明军首尾不能相顾，只能各自为战。一开始被伏击的明军瞬间倒下了一大片，缅军在持续一阵的远程压制后发起冲锋，明军无法结阵，只能尝试突围。但明军被截断后寡不敌众，也没有援军赶来，前锋部队基本被缅军围死了，殿后的两营士兵只能赶紧撤退以保存实力。突围不成的明军只能苦苦坚持。明军宁州目把者义在雷哈战死，他的土司兵也被击溃，而明军把总李乾也在邦囊被缅军所杀，卢承爵与部下拼死杀敌得以幸免，但依然不能冲破缅军包围圈。

就在被围困的明军即将覆灭的时候，"嗖嗖嗖"的火器发射声齐声响起，明军火龙、火箭等往缅军阵中射去，缅军倒下一片，惊恐不已。突如其来的火器齐射证明有整装齐备的明军出现了！果然，闻讯赶来的东路军援军抵达了！缅军即将成功歼灭明军的合围被东路军撕破，不得不下令撤军，卢承爵等人终于得救了。此战明军连土司兵在内被杀千余人，是明缅开战以来少有的惨败，缅军大军团野战终于赢了明军一次。

这时候，之前西路军退走的二营明军由同知监军姚允升率领，陆续收拢溃败下来的残军，并用重金雇了向导，率军昼伏夜行，以避开缅军大部队。当部队行到等练山区域的

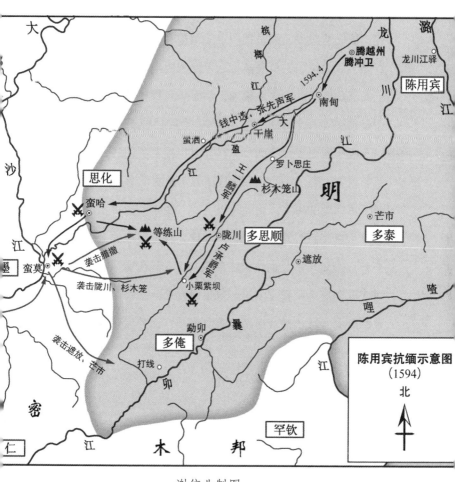

谢信业制图

时候，他们看到了熊熊燃烧的山火，姚允升随即派出斥候侦查。斥候回报说，缅军把山上的植被都砍伐掉，然后一把火点燃，放火烧山制造隔离带，以此来阻挡东路明军，好让自己大部队能顺利撤退。果然，明军一旦稳扎稳打，火器优势还是能完全压制缅军的。东路军的及时出现顺利改变了战局，缅军撤退了。黔国公沐昌祚以捷报上奏朝廷，称此战明军斩首36级，缅军渡江撤退时溺死者两千余人，以此来掩盖明军惨胜的事实。由此可以看出，明末谎报军功已经形成风气，真真假假的消息混在一起导致真正做事的人受难（如李材），混日子的反而可以占便宜（这一战还有另一种记载，《万历武功录》和《滇史》的记载有差异。按照《万历武功录》所载，卢承爵这路没有攻打蛮莫，而且应该统率的是东路军，但大致发生战役的地点是相同的）。

筹备修关

缅军被击退后，云南巡按李本固开始谋划防缅的策略，因为土司叛降不定，缅甸更是无论击退多少次，都会卷土重来。当年刘綎早就分析过，如果不直接击溃缅甸后方核心，滇西是不会安宁的。但明朝不会考虑在西南地区再次大规模用兵，目前所有重心都转向北方去了，而且单是反击缅甸聚集的这些部队，就已经要把云南财政拖垮了。

云南全省兵力共计 13 万人左右，就这些本省的卫所兵，很多还是老弱病残和吃空饷的，每年需要饷银 129000 多两。而当年设立腾冲、姚安营，新增加了 12000 多人，每年需要 17 万两银子来周转，而且粮饷运费很高，"运米一石，脚价八金"，这仅仅是一个士兵三个月的粮饷而已，每次云南用兵都要动用几万人马配合，转运压力实在太大。所以后来闹裁军也是迫不得已，但裁军除了闹出兵变外，还会出现更严重的问题，那就是战斗力的严重下滑。刘綎、邓子龙的士兵虽然骄横，但打仗是好手。云南本土的卫所兵战斗力不高，土司兵则是时好时坏。以前征召的客军一走，整个云南明军的战斗力立马被打回原形，这次惨胜很难说没有这个原因。也就是这一年，为了解决粮饷问题，云南当局让土司兵每年总共交 632 两 5 钱免操银，即只要交钱，就可以不用日常操练，只在有任务的时候参与防务。所以时人吴宗尧直接就说，虽然客军是乌合之众，但能打仗，土司兵取代客军担任防务主力后，往往不堪一击，而且双方有时候还互相瞧不起。

就在如此困难的情况下，万历还加征云南贡金到3000两一年。为此，陈用宾不得不请求采用裁去老弱病残兵、清理盐税等举措来维持云南的军务运转。事情还没开始办理，土司又闹事了。这次闹事的是陇川宣抚使多思顺，他认为之前缅军赶跑自己是因为孟卯土司多俺把缅军引过来的，所以他纠集蛮莫的思化和芒市土司多泰，一起进攻多俺。多俺抵挡不住，其子多荒被杀，多俺大怒，随即带领人马跑到木邦，并且通过木邦直接联络缅甸，表示愿意效忠莽应里。

多俺出走后，参将吴显忠多次派人去劝降多俺，但多俺无法放下丧子之仇，拒不听命。同年十二月，多俺联络依然盘踞在孟密地区的思仁、丙测，从孟卯袭击遮放。明军派兵接战，土司兵大败，被明军斩首百余级，丙测率军逃走，多俺也逃回木邦。土司们这么一闹，更让陈用宾明白必须得有效切断缅军和土司兵内犯的渠道，而且最好是物理切断，而巡按李本固早已想好了对策，那就是修筑关隘，大兴屯田。

陈用宾发榜给自己的福建老乡们，征召懂得中南半岛语言、风俗的福建商人，最终成功招募了通晓缅语、暹罗语的福建人黄裴。陈用宾让黄裴带着文书出使暹罗以及缅甸南部的得楞（孟族）聚集区，让他们配合明军，一起夹击缅甸。

那时候福建的商船往返于暹罗等中南半岛国家，很多华人通译都跟随各国使团进京朝贡，黄袭很顺利地接下了这个任务。这其实已经是明朝第三次有人提出要联合暹罗采取军事行动了。第一次是嘉靖末年明朝大海盗林道乾被俞大猷赶走后，多次折返侵袭东南沿海，万历初年出使明朝的暹罗使团有华人通事提出，暹罗可以协助明朝缉拿林道乾，但最后不了了之；第二次就是之前云南巡抚吴定提出派人去联络暹罗出兵夹击缅甸，但最后没有成行；黄袭是第三次，后面万历皇帝还同意了第四次，是让暹罗出兵帮助朝鲜抗击日本的，只不过被朝鲜使臣拒绝了。当时的暹罗因为纳黎萱王的赫赫战功引起了各国的注意，黄袭应召的时候，纳黎萱王刚刚在泰缅战争中让泰国获得了战场主动权，搞得莽应里焦头烂额，所以陈用宾派黄袭过去联络，也是可以理解的。黄袭抵达暹罗后，事情办得怎么样，明史中没有记载，泰国的史料中也没有记载，但可以肯定的是，之后暹罗和孟族人确实不断进攻缅甸，甚至直接导致了莽应里的溃败，所以有理由认为黄袭此次达成了使命。

同月，陈用宾和李本固商议备缅对策后上奏朝廷，希望能在滇西地区修建八个关卡、二十四个屯田之处和两个堡垒，以加强防御，不让缅军有可乘之机窜入滇西地区。这就是后世闻名的腾越八边关。

腾越八边关

万历二十三年（1595）三月，明朝论功行赏，陈用宾、沐昌祚、卢承爵、张先声等一干将领、官员都获得了赏赐。六月，明朝准许思化继续驻扎蛮莫，但要他约束好自己的部下，不能再出现土司内斗的事情。同时，腾越八边关也在紧锣密鼓地修建之中。严格来说，腾越八边关是后世的叫法，当时李本固和陈用宾提出的防御体系是"八关二堡二十四屯"。

概括来说就是从最北端的神户关开始，一直往西南修建，然后再在瑞丽区域做一个回转，转向东南，把南甸宣抚司、干崖宣抚司和陇川宣抚司的主要区域给保护起来。从地图上看是一个从西北往东南斜着布防的斜面。从南甸宣抚司境内的神户关起，依次是万仞关、巨石关、铜壁关、铁壁

关、虎踞关、天马关，然后折回到陇川境内最南部——孟卯
土司（瑞丽城）南边的汉龙关，形成了一个依托山脉布防的
工事体系。神护关以北就是巍峨的景颇族聚集地高黎贡山，
极难翻越，除了景颇族外，缅军和关外土司兵不可能大规模
聚集渡过此区域。高黎贡山的名字本意也是景颇古代贵族高
黎家族的家山，所以神护关一修建，基本就和高黎贡山连在
一起，形成了一个天然的防御系统。

而万仞关、巨石关、铜壁关则直接把干崖宣抚司围在了
里面，和神护关一起，把缅军进犯路线挡在了关外。以往缅
甸打下蛮莫后，习惯顺着大盈江而上进攻三宣地区。这四关
修建成功后，大盈江就直接变成云南的"内河"了，断绝了
从孟养直接进攻干崖宣抚司的可能性。孟养就算投靠缅甸，
也不能像以前那样进犯了。接下来的铁壁关、虎踞关、天马
关、汉龙关则直接把陇川宣抚司围住，让以前容易被袭击的
遮放等地有了屏障，同时天马关和汉龙关还把瑞丽江沿岸给
控制了起来，让缅军船只无法运行，使其无法直接顺江行船
到永昌地区，也无法进攻姚关等地。

八关的修建除了防止缅军进犯外还有一个重要的作
用，那就是加强了对商旅的管控。明朝历来管制不到土司
和缅甸之间的往来经商，也无法阻止大量的内地汉人在缅

北定居、经商，所以商旅中有没有混入岳凤这样心怀鬼胎的人也无从可知。而且早年因为金腾地区的逃兵携带明军火器逃入土司地区，让关外土司也小规模地掌握了火器，已经让云南当局大为恼火，之前铜铁等重要物资也时不时被走私出去，壮大了缅甸境内各部的实力，所以八关的另一个作用就是盘查商旅，既能保护商旅安全，也能控制战略物资流出。

除此之外，陈用宾等人还要修建两个堡垒以及二十四屯，这就是二十四处屯田体系，最终落实的有二十二处。十八屯设置在三宣地区境内，作为驻军的粮饷供应地。其余四个屯在木邦土司辖区，木邦土司虽然依然和缅甸暗中保持联系，但这时候表面上还是效忠大明的。这二十二处屯分别以《周易》中的词语命名，比如天成、地平、黄裳、日升、洪福等等，木邦境内的四屯则是寒暄、秋有、收功、署清。屯田建成后，驻扎明军不用再担心粮草问题，土司兵也有了稳定的粮食来源，保卫自己家园的动力更大，战斗力也会增强。土司兵作为后期防御的核心，战斗力虽然时好时坏，但大体上还是愿意出力的。而陈用宾所规划的两个堡垒中，除了平麓城外，另一个并没有落成，但也可能是在陇川宣抚司衙门后面所筑的景永城。景永城配合在交通要道上修建的平麓城，加上宣抚司衙门，三个防御工事一同拱卫陇川。但整个滇西边境基本上还是以"屯田＋八关"防御为主。

二十二处屯田，每一个屯都有甸头管理，同时设立把总一名，管理所有屯田。当时的把总是沐昌裔，应该是沐王府的人。而八关则每四关设立一个守备，分别是上四关的蛮哈守备以及下四关的陇把守备。在李本固和陈用宾的奏疏中，他们希望达成的布防兵力是这样的：在设立铜壁关的布岭地区（今云南盈江县西南），可以利用该地区的平地屯田驻兵一千人，修建营房数百间，营区分为四个门，门外就是屯田，然后用高山流下来的泉水灌溉，山上还有小江可以流入蛮莫，在这里驻扎一千人马可以作为机动部队调动应急。其次，下四关的陇把守备驻扎处到等练山一带，有大量荒地可以开发，如果利用得好，那么也能屯兵一千人。这样的话，八关区域就有两千人的机动部队驻扎，加上八关本来的驻军，滇西边疆区域的驻军可以达到三千人左右。在此之前，早在万历十二年（1584），明朝已经在陇把设置了一员守备，有五百名士兵驻扎平麓城，五百名驻守陇川，五百名驻扎箐口，腾永参将再率领一千明军驻扎腾冲城，让腾冲、平麓、陇川、箐口四地形成互相支援的防御系统，兵力达到了两千五百人。但到修建八关时期，这个兵力配置已经不能保证了，而且明军兵员素质下降，只在春、冬驻扎防地，夏、秋季节则散居各处，经常被当地土司兵轻视，所以陈用宾等才会重新规划防务。

说实话，这些构想是非常好的，如果都能执行，那么便有三千驻扎明军配合三宣的土司兵，缅军没有几万人就不要想开战了，想要打进来而不增兵到五六万，那也是很困难的。而要聚集五六万人出征，对于缅甸来说则是非常耗费国力的一件事，不利于应对东边暹罗和东北兰纳。

那么八关每一个关卡的具体建造工事如何呢？在参将吴显忠和同知漆文昌的奋力监督下，关卡的修建还是可圈可点的：

神护关：修建在今天盏西镇西北 12 公里老关城一带，整个关卡长 100 米，城墙高度 10 米，大概有今天的三四层楼那么高，关卡上的关楼高达 15 米，关内有公署一间，可以控制前往孟养等地的道路。

万仞关：修建在今天勐弄乡南 1.5 公里勐弄山顶，关卡长 100 米，城墙高度 9.8 米，关楼高达 24.3 米，控制港得等要路。

巨石关：修建在今天昔马镇东南 5 公里处，关卡长 100 米，城墙高度 8.3 米，关楼高度 19.3 米，关内有公署一所，控制户岗等要路。

铜壁关：修建在今天铜壁关乡南 3.25 公里老官坡处，关卡长 100 米，城墙高度 7.3 米，关楼高度 18 米，关内修建公署两所，控制蛮莫等要路。

铁壁关：修建在今天缅甸西帕河瓦兰岭处，也就是等练山区域，关卡长 100 米，城墙高度 8.3 米，关楼高度 19 米，控制前往蛮莫的水路。

虎踞关：修建在今天大理以西的那路班山，关卡长 100 米，城墙高度 8.6 米，关楼高度约 20 米，有公署一所，控制前往孟密等要道。

天马关：修建在今天猛卯三角地缅甸境内，关卡长 100 米，城墙高度 7.6 米，关楼高 14.6 米，修有公署一所，控制前往孟广及孟密的要道。

汉龙关：修建在今天瑞丽市南境外缅甸区域的硔卯，关卡长 86.6 米，城墙高度 8.6 米，关楼高度不详，修建有公署一座，控制前往猛育、孟密等处的要路。

以防御工事来说，八关是合格的。关卡全部处于交通要道上，要想突破关卡，要么就翻山越岭，要么就老老实

明帝国与金楼白象
（1582—1606）

大

槟榔江

龙

神护关

腾越州
腾冲卫

龙川江

潞江安

金

万仞关

南甸宣抚司

沙

巨石关

习马山
盏达

干崖宣抚司

小陇川关

江

江

盈

黄连坡关

明

莫

铜壁关

（蛮哈守备）

江

罗卜思庄

蛮哈山
南牙山
猛哈

擂哈
腊撒

户撒

杉木笼

等练山

陇川宣抚司

蛮

铁壁关

陇把

芒市长官司

莫

虎踞关

（陇拔守备）

遮放

班杭山

栗紫坝

江

勐卯
平麓城

暴

蛮莫安抚司

哩

贯屯

打线

卯

江

班欠

汉龙关

班欠山

工回

天马关

孟

江

腾越八关示
（1594）

猛脸

猛曲

猛尾

猛育

北

密

木

邦

猛广

木邦宣慰司

谢信业制图

252

实从狭窄的山路上由下往上攻打，关口只需要二三十士兵拿弩或火器等远程杀伤武器（主要是弩，清朝在万仞关就有150户协管弩手居住）驻守，就足以给来犯之敌以极大杀伤。因为地形限制，攻方没办法大规模投入兵力，只能一小股一小股地上。若是想翻山越岭，那八关也能拖住敌方很久，给后方争取机会。

更大的作用是可以通风报信，每关间隔的距离也就是几十公里，烽火都可以看到，消息很快就能传遍三宣地区。所以八关的修建，在面对缅甸这样有火器装备的国家，运用得当是可以很大程度上阻击敌军攻势的。陈用宾为此还给出政策，不管是不是驻军，只要愿意参与屯田的，前几年都有免税的优惠。所以八关和屯田的开发，一开始就很受朝廷重视，修建得如火如荼，看起来也很壮观。后来徐霞客还专门游览了此地，留下了不少记载。

但明朝这么一建关卡，滇西土司们就难受了，尤其是八关之外的蛮莫、孟养、木邦、孟密等土司。本来双方边民互通有无，经常自由往来惯了，这下突然多了几个关卡，还得过关才能进出，时间久了，关外土司就会觉得"此地天朝也"，关内的土司也以八关为重，认为自己和关外的不一样，开始有"内夷"和"外夷"之分。而关卡里的公署也非常醒目地立在崇山峻岭之间，缅甸人就说"屋瓦者汉人，茅房，我故地也"，也以此来划分关内和关外土司。

不过区分归区分，八关的军事作用缅甸方面还是知道的，所以八关修建的时候，缅甸就没少派人干扰。多俺上次兵败后，就率兵盘踞在木邦境内。万历二十三年（1595）九月，缅甸让多俺出兵袭击明朝正在修建的天马和汉龙二关，杀死了很多修建关卡的工匠，漆文昌派人联络木邦土司罕钦，让他设计捉拿多俺。结果事情败露，多俺带兵逃往缅甸，罕钦赶紧派兵拦截，混战中斩杀了多俺和他的两个儿子，生擒了多俺其中一子多胆满，献给明朝，明廷把多胆满押送京师惩处，木邦罕钦也顺势朝贡大明。

八关则继续紧锣密鼓地修建，到了万历二十四年（1596）十月，莽应里又发兵来犯。不过这次他只是派了三个头目带领少许人马，让孟养和伪蛮莫土司允墨，以及依然盘踞在孟密境内的思仁、丙测出兵，继续攻打蛮莫。蛮莫思化提前把妻子送往铜壁关下的布岭地区后，留在蛮莫备兵迎战。陈用宾派遣参将吴显忠、守备张光胤、中军陈于陛前去增援思化。陈于陛率领一路明军去突袭怕党（挡帕山），因为思仁和丙测一路人马是从这里进军蛮莫，参将吴显忠给漆文昌献计策，让漆文昌派人迷惑孟养军队，让孟养军队认为明军主力进攻路线是朝孟养这边。计策起了效果，孟养土司兵连夜渡过金沙江退了回去，明军追赶到金沙江流域，发现缅军头目也在找小船渡江，允墨等人见到大军已退，也纷纷跟着逃窜。明军不战而胜，进犯的缅军就剩下思仁那一路土司兵了。

蛮莫解围后，守备张光胤率领明军，思化率领土司兵出击还在怕党的思仁、丙测部。明军快马加鞭，展开夜袭，双方在怕党展开混战。思仁的土司兵野战完全不是明军的对手，加上夜间作战双方都是摸黑拼杀，混战中丙测被明军阵斩，思仁情急之下靠着部下提供的优良马匹突围成功，但属下精锐尽丧，从此再也无法为祸滇西。此战明军生擒敌军 16 人，斩首 19 级，俘获战象 3 头，马 36 匹。这一战之后，明朝在滇西和滇南地区威望提升，车里、老挝、木邦、孟密、八百等土司再次投向大明，关外九土司（缅甸所称九掸国）包括孟养在内，都重新考虑与明朝的关系。几次战役下来，能看出巡抚陈用宾的用兵能力是很不错的。

腾越八关建成后，缅甸偃旗息鼓了一段时间，但八关的驻军却大大缩水。在建成的初期，八关的人数规模还是可观的，不过仅仅过了一段时间，八关不但2000人的机动部队毫无踪影，每个关卡至多就是二三十来人驻扎，八关总兵力也只有184人，只需要一个守备统领。在防务安排上，春季和冬季驻兵防守，夏秋季节士兵散居在三宣各处，所以导致夏秋季节依然还有各种边民翻山越岭随便出入，基本没起到最初设计的作用。但至少这个防御系统框架是建立了，维持大军驻扎则需要等屯田起效果。

多俺和思仁等的进犯被击退没多久，饷银已耗费了很多，而粮食运价当时都涨到十金一石了，三宣恢复生产也需要时间，所以驻军缩水是可以理解的。巧的是，八关修建完了以后，缅甸两年之内都没有进犯，也给了当时的人一种错觉，认为是八关起了效果，那么事实是否如此呢？莽应里真的不敢再打来了吗？明缅之间将会以什么样的形式结束战争呢？

第十章

疆域内缩

短暂的平静

自从八关修建完毕，明军阵斩丙测后，滇西边境确实获得了一段时间的安宁，而且似乎关外各部土司和国家都前来朝贡了。万历二十六年（1598），车里、老挝、耿马、湾甸、镇康州、盏达、孟养等地土司纷纷派遣使团前往内地朝贡，似乎缅甸已经不再让他们惧怕，大家都想重新加强或者稳固与大明的关系。此时孟养的土司是思轰，虽然名义上还依附缅甸，但也派人朝贡大明，这就是表示重新效忠大明，不再与缅甸有往来了。

当年五月，明朝嘉奖之前反击缅甸有功的官员将领，云南巡抚陈用宾升为右副都御史兼兵部右侍郎，黔国公沐昌祚的儿子沐睿这时候也开始帮助父亲处理云南事务。沐昌祚年事已高，准备退居幕后，把爵位传给儿子，所以明朝也封赏了沐睿都督同知的职衔，其余的将领官员也都一并封赏。

但到了九月，缅甸因为孟养思轰派人朝贡大明，公开宣布脱离缅甸控制，于是派遣允墨带领土司兵，在阿瓦诸侯的率领下前去讨伐孟养。孟养连年征战，兵力空虚，而阿瓦地区崛起的良渊王这些年养精蓄锐，势力逐渐壮大，隐约有取代莽应里的趋势。实际上他当时已经独立，只是莽应里还在位，所以名义上东吁王朝还在莽应里手里。阿瓦王派出了约三千人马，配合允墨等土司兵进犯孟养。缅军这次人数应当在万人左右，思轰组织军队在内巴布山迎击缅军，失败后渡过金沙江区域，派人向大明求援。

陈用宾接到消息后，并没有调动明军增援，而是令干崖宣抚司、南甸宣抚司出兵帮助孟养，让两土司先率兵到金沙江流域增援思轰。而后陈用宾派人传令给在蛮莫的土司思正，让他从哈坎出兵，截断缅军的退路。思正是思化的儿子，此时思化已经去世，他作为新任蛮莫土司继续驻扎此地。思正率军在通译的带领下，走小路从猛乃出发，没有管北上追赶孟养思轰的缅军，直接奔着缅军大后方阿瓦城去了。

果然，缅军知道后路被抄，根本顾不上追剿思轰，急忙撤兵回阿瓦。干崖和南甸土司一看机会来了，率军追着缅军南下，思正也马上调转部队，准备中途截击缅军。而孟养思轰也发动了孟养残余的兵马，从陆地各处派兵袭击缅军。最终，在三路大军三个方向的合击之下，缅军无法有效结阵迎敌，被土司兵打得溃败而逃。事实证明，只要地形和战术运用得当，土司兵击败缅军还是很有把握的。陈用宾这次以计谋授予土司兵，不费明军一兵一卒就破了缅军，也算是一员儒将了。朝廷也加封他的儿子为锦衣卫百户，后来又给他们父子加俸禄一级。当年十二月，孟养思轰带着使臣再次前来朝贡，进贡大象以及土特产等，明朝给予思轰赏赐，孟养正式归附明朝。

在云南边境暂时恢复平静的这段时间里，陈用宾开始实施一系列稳定边疆的举措。也就是这一年，之前被缅军屠城的顺宁府改土归流，开始设立汉人知府，办儒学，顺宁府在知府余懋学的励精图治下，变成了滇西的一个儒学重镇。陈用宾在任十七年，先后修建、翻修了几十处文庙和儒学书院，在推进云南边地文教进程方面功勋卓著，但这只是稳住了云南腹地的读书人，并没能真正改变滇西地区的局势。

其实边地这短暂的平静并不是靠明军斩杀了一个土司头目和修建了八关获得的，而是缅甸自己出事了。之前缅军被土司兵击退，很多人都发觉莽应里的兵越来越少了，来的都是阿瓦士兵，而缅甸的攻势也大不如前，这是为什么呢？

因为莽应里此时已是日薄西山。其实在万历二十四年（1596）的蛮莫一战之时，莽应里就只能龟缩在东吁王朝首都勃固一带。暹罗的纳黎萱王已经拿下了毛淡棉、八都马等缅甸南部地区，并且直接率军进攻东吁王朝首都勃固。莽应里是靠着求援阿拉干（今缅甸若开邦）国王，使其派出葡萄牙雇佣军团长菲利浦·德·布里托，并联合东吁侯以及兰纳王的联军，才击退了纳黎萱王的进攻。

之后的莽应里越发暴戾，手下动辄获罪，战场上的连连失利也让他如坐针毡。东吁王朝也因为连年征战而经济崩溃，百姓易子而食。最终，东吁王朝治理下的东吁、清迈乃至阿瓦地区都起兵反叛莽应里。东吁侯派兵与阿拉干国王组成联军围攻勃固，莽应里在内忧外患之下只得让位于东吁侯。而暹罗的纳黎萱王也再次起兵进攻勃固，莽应里此时已经彻底变成了孤家寡人。阿拉干的军队率先攻入勃固，一把火烧掉了曾经繁华富庶的汉达瓦底城。莽应里被东吁侯软禁，带回了东吁。东吁王朝因莽应里家族而兴起，最终他也死在了家族崛起之地，不得不说是一种历史的轮回。

此后，缅甸再次陷入了诸侯割据的混战时期，自然无力再侵扰大明，滇西边境才算获得了一段短暂的安宁。所

以并不是阵斩了丙测和修建了八关导致的缅甸不敢再犯，
而是缅甸自己内乱导致暂时无力再犯。这个错觉使得明朝
后续在云南边疆问题上再次失误，引发了一次更严重的
危机。

其实缅甸一直以来的问题都是如此，以军事征伐建立
起大一统王朝，但也因为管理不善和内部继承问题，导致
整个国家更类似一个军事联盟，诸侯势力此消彼长，国家
内部很不稳定。缅王只有靠不断征伐获得战利品，再赏赐
给参战的各路诸侯来进行安抚。简而言之，只有不断的军
事扩张才能维持住王朝的强盛，一旦扩张失利，内部就可
能崩盘。这一点莽应里颇像当时日本的丰臣秀吉，也是得
靠征伐来维持内部团结。

原来，万历二十六年（1598）派兵攻打孟养的主帅
已经不是莽应里了，而是莽应里的弟弟阿瓦良渊王。前面
说过，中南半岛国家当时会在自己王朝的第二大城市设立
亲信作为副王。良渊王作为莽应龙的庶子，既没能坐镇阿
瓦，莽应里也没有立他为副王，而是立了自己的儿子做副
王，所以良渊王内心应该是有不满的。在莽应里兵败如山
倒以及统治越发暴戾的情况下，各地诸侯都相继反叛，良
渊王同样是莽应龙的儿子，他自然觉得自己有责任重新扛

起家族大旗，所以他率军夺取了阿瓦，自立为阿瓦王。

拿下阿瓦后，良渊王励精图治，准备重新统一缅甸，重振东吁王朝。万历二十七年（1599），莽应里死于东吁城内，东吁王朝群龙无首，良渊王正式开启了他统一缅甸的步伐。统一之路的第一步还是要平定缅北地区，这个大后方不平定，他很难安心南下攻打东吁以及阿拉干等地，加上之前兵败于三路夹击的土司兵，他要一雪前耻，重新树立在缅北的威望。

同年，良渊王再次派兵北上进攻孟养，陈用宾派人传檄滇西各路土司，让他们派兵援助孟养思轰。几乎滇西各路土司都出兵了，明军也派出了一部分人马，结果毫无悬念，阿瓦军队又败了。很显然，良渊王的准备做得还不够。这一战，也让孟养的思轰和蛮莫的思正结成了攻守同盟，准备据守金沙江，长期抗击缅甸。良渊王两次兵败，只得再次退回阿瓦，好好练兵。

宦官乱滇

就在这时，一个人来到了云南，这个人的到来，把本已趋于稳定的云南局势又搅了个天翻地覆，而这个人还是万历的身边人。此人名叫杨荣，职位是税监。税监这个职务是万历年间所创，成立的时间是万历二十四年（1596）。万历在其执政的后期，面临女真崛起和日本丰臣秀吉出兵朝鲜等问题，军饷耗费巨大。明缅的冲突已经把云南折腾得一穷二白，全国各地时不时的叛乱也需要饷银去调兵解决，但万历此时已荒废朝政，日渐沉迷酒色，争国本等一系列事情早已让他对朝政心灰意冷，怎样从民间捞钱充实内帑倒成为他最在意的事情了。

从万历二十四年起，为了解决内帑日益增大的开销以及填补军费，万历派出了身边的宦官前往全国各地，名曰矿监税使，监督各地的生产。尤其是矿产遍布的地区，矿监税使在这些地区设立征税点，监督开矿等等，所敛财物除了支援军事行动外，都进入了内库。而宦官们因为是皇上身边的人，又拿着圣旨办事，所以每到一处都是为所欲为、祸害百姓，激起了很大的民愤。这是万历后期最被人诟病的一个政策，偏偏万历又是明朝在位时间最长的一任皇帝，吃完了所有老本的他，交给子孙后代的只能是一堆烂摊子了。

杨荣就是万历派来云南的宦官，也是云南取消了镇守中官后，再次有皇帝身边的太监坐镇云南。其实就在万历准备派矿监税使到云南之前，陈用宾就已经上书请求万历不要派人过来，他可以让云南每年省下一万两白银充入皇帝的内帑当作矿税，但万历根本看不上这点钱，也不把陈用宾的提醒当回事，还是派了杨荣到云南监督矿税。

万历二十七年（1599）二月，杨荣一到云南，第一件事就是了解云南有什么可捞的。他拿着圣旨四处敲诈官员，榨取对象除了地方官员外还有富商，而更多的是对百姓和土司们的敲诈。因为虐待科举生员，杨荣被生员们聚众殴打了一顿。这件事没有让他受到什么处罚，对待生员们还可能因法不责众不好处理，而对不顺从他的官员，他马上就上书弹劾。比如寻甸州知府蔡如川、赵州知州甘学书、云南府知府周铎、指挥使贺瑞风等等，都是他一弹劾，万历就让人拿下关进监狱了，所以没有人敢得罪他。

这年七月，早年投缅的土司头目莽四纠集人马犯境。明军腾冲营驻军从右甸出兵，姚安营士兵从湾甸出兵，顺宁府、蒙化府驻军从澜沧路出兵，前后夹击进犯的缅军。莽四等人被明军和土司兵夹攻，导致部队前后不能相救，随即投降明军，并且退还了之前侵占的十三个村寨。此战明朝记载斩杀和擒获缅军一共 1887 名，但这里记载的缅兵更多的是被裹挟跟着犯境的土司兵，这些土司兵人数过万，但战斗意志不强，溃败很正常。此战虽然没有证据表明与杨荣有关，但当时杨荣已经开始在云南大肆敛财了，至于是不是因为盘剥土司，导致土司跟随缅军头目起兵造反，那就不得而知了。

一来二去，杨荣和之前的太监钱能一样，还是盯上了缅北的宝石。杨荣给万历报告，吹嘘说缅甸阿瓦和孟密有意重新归附大明，如果能重新在孟密开采宝石，那么每年可以给朝廷多贡献几十万两银子。万历一听就动心了，万历二十八年（1600）十月，朝廷正式批准重新开采孟密宝井。陈用宾等人拦不住，只能听之任之，云南刚刚恢复的秩序和稳定，随即被破坏殆尽。

杨荣指使官员张宗仁为其敛财，盘剥百姓，导致百姓都恨不得杀了张宗仁。眼看事情要败露，杨荣随即污蔑张宗仁侵占税银 7000 余两，以撇清干系。当时左都御史温纯上奏万历皇帝，痛斥杨荣一行税使的恶行，比如李凤生性淫乱，奸污女性达 66 人，私吞财物 60 余船，但杨荣等人的敛财暴行依然没有停止。

当时的孟密和下辖的宝井地区实际上还是在缅甸手里，但因为诸侯混战，所以缅甸对此地的控制没有莽应里时期严格，不过明朝要重新开采，也是非常困难的一件事。可杨荣根本不管这么多，依然派参将吴显忠南下办理此事。阿瓦的良渊王听说后，觉得此事可以谋划，因为之前正是孟密开府的问题才导致缅北土司动荡，使他们倒向东吁王朝，这次明朝再派人过来挖宝石，运作好了，没准儿能给自己统一缅北创造机会。

杨荣的行动和良渊王的目的不谋而合。吴显忠到了阿瓦势力范围后，派人重金购买宝石，良渊王也派人联络他，表示可以协助杨大人开矿。于是，明朝宦官和缅甸诸侯暗中联合的开采行动开始了。万历二十九年（1601）四月，杨荣进银 15240 余两、金 20 两、样银 160 余两，又进红宝石 113 块、青宝石 77 块。看着内库开始源源不断进账，万历非常高兴。

这些优质的宝石后来被万历用在了各种册封典礼上。也正因为杨荣捞钱有方，万历对于弹劾杨荣的奏折几乎不予理睬。于是杨荣更加肆无忌惮地在云南横征暴敛，与此同时，良渊王也在抓紧筹划重新夺取缅北的事宜。但有一个人开始不服这桩生意了，那就是蛮莫的思正。他派人不断打劫缅甸和杨荣派过去的商队，缅甸需要的盐、茶等物品都得从云南进口，结果货物总是被思正抢走。思正甚至还拦截了明朝派回孟密任职的思礼的队伍，同时洗劫了陇川地区，惹得明朝和阿瓦都很不爽。但毕竟杨荣做的买卖太得罪人，所以朝廷也没有追究思正。这下杨荣不乐意了，他的生意受到了影响，给皇帝的钱少了，自己没法交代，就只能拿思正开刀了。

万历三十年（1602）三月，腾冲城的百姓们都受够了杨荣的盘剥，聚集起来一把火烧掉了腾冲税厂，杀掉了杨荣的走卒——坑害地方官员、百姓的腾越州税监委官张安民。云南巡抚陈用宾、巡按宋兴祖都上书请求停止开采宝石，宋兴祖认为买宝石的参将吴显忠"实以厚利饵夷人而为之换宝石……且宝石是蠢然石块，止愉一时观玩，无益天下国家"。事情闹大，杨荣甩锅给云南府知府周铎，万历派人抓了周铎下狱。杨荣觉得得赶紧把税款找补回来，云南境内他能搞定所有人，但关外土司就不行了。恰好思正的事情给了良渊王北上的借口，思正洗劫过陇川地区，该地区一个头目多罕因此投奔了阿瓦，良渊王借多罕投靠阿瓦的机会，对外宣称："开采宝井的汉使令我杀思正以通蛮莫道路，吾为天朝除害！"于是派兵攻打蛮莫。

缅甸阿瓦直接以帮助杨荣的名义进攻蛮莫，不知道杨荣当时作何感想，但估计这正是他所期望的，也很有可能他早就派人联络了良渊王。此次良渊王厉兵秣马准备充分，派出五万多大军进攻蛮莫。木邦土司与思正结仇很久了，也趁势派兵跟随阿瓦军队合力进攻蛮莫，反正打出来的借口是帮天朝除害，所以出兵也不担心天朝日后报复。就这样，两路大军浩浩荡荡地往蛮莫土司城开去。

思正一开始还是准备好好备战的，但在看到阿瓦、木邦联军声势浩大的先锋部队后，决定放弃抵抗，先前往腾冲地区躲避，等明军救援前来再反击缅军。这时候，收到消息的孟养思轰出兵增援蛮莫了，他与思正结成了攻守同盟，但没有想到思正会率先内奔。陈用宾一早就预料到思正可能抵挡不住缅军，于是给朝廷提出了三个建议：一是派人去宣谕缅甸，让缅甸退兵；二是下令思正死守蛮莫；三是如果思正被缅甸俘获，明军出兵援助，很可能会寡不敌众败北，不如据守屯田。朝廷给出的建议是让陈用宾定夺，给予他最大操作空间，但还没等陈用宾开始操作，思正已经内奔腾越寻求大明庇护了。

良渊王的阿瓦军与木邦军尾随思正的部队一路北上，进入三宣地区的时候，漫山遍野的人马根本没有把腾越八关放在眼里，因为木邦和阿瓦的士兵很多都擅长翻山越岭，并且带有攻城器械，而明军在每关只驻守一两百人，根本拦截不住。于是，缅军轻易地进入三宣地区，越过诸关，直接抵达了南甸宣抚司境内的黄连坡关（今云南梁河东南）。这里离腾冲城辖区只有三十里地了，腾冲再次震动。

腾越八关形同摆设，这下陈用宾等人着急了。一时间云南当局已经来不及调兵阻击缅军，但如果任由缅军进攻腾冲城，那后果不堪设想。明缅战争打了这么久，这次是缅军兵锋离腾冲最近的一次，而造成这一切的原因居然仅仅是因为一个土司内奔。明朝在滇西的多年经营像一个笑话，而后来发生的事情，更让人扼腕叹息。

疆域内缩

腾冲城危在旦夕，此时的金腾兵备副使已经变成了漆文昌。十二年前，他还是一个小小的抚夷同知，但敢单骑入蛮莫大营，劝降思正的父亲思化，与之订下盟约，并且在日后反击缅甸的战役中表现亮眼。这些年的付出让他从一个小官变成了滇西地区的最高军政长官。如今，思化的儿子思正前来投奔他，身后是追赶思正的缅军，漆文昌会怎么帮助这位故人的儿子呢？

答案是，杀了他。是的，这个曾经孤身一人一往无前的官员现在变了。他或许知道自己可以劝降当年的思化，但无法劝降如今的良渊王，又或许是这么多年官场风风雨雨已经让他变得官僚。总之，他与参将孔宪卿商议，只有杀了思正，缅兵才会退，腾冲才能保全。于是，他们派遣把总郑有庸等三人前去迎接思正，并且让他们找机会将其杀掉。

郑有庸等人领命前去，他们没有把思正往腾冲方向带，而是准备带着思正渡过龙川江前往永昌城。三人先示意思正和他们先渡过龙川江，让思正的随从留在原地。思正也认为这是进入明朝腹地的礼节，没有怀疑，他骑着大象开始渡江。象进入水中后，行动会变得缓慢，而且很难左右移动。郑有庸等人也骑着象，前后跟着思正慢慢过江。当思正的象游到江心的时候，"嗖"的一声，一支标枪插入了他的胸膛，思正惊恐且不解地看着这支标枪，在断气之前看到了投出这支标枪的郑有庸。就这样，投奔大明的明朝蛮莫安抚司安抚使思正，死在了前往永昌城的路上。

郑有庸等人赶紧割下思正的首级带回腾越地区，同时

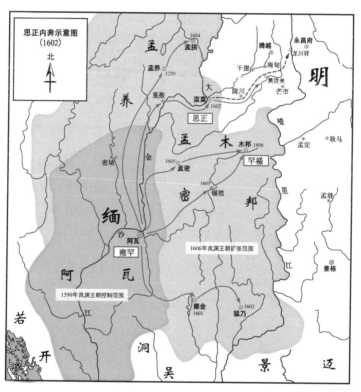

谢信业制图

砍下思正的一条胳膊，派人带去黄连坡关外，交给了追赶过来的缅军，告诉他们思正已死，你们可以退兵了。良渊王的军队找不到继续进兵的借口，又怕深入下去被抄了后路，而木邦军队更是着急退兵，缅军只能拿着思正的一条胳膊悻悻而退。思正内奔大明而身首异处、死无全尸，明朝这次危机才算化解。

然而杀思正的后续影响是巨大的。孟养思轰的部队赶来后听说思正被杀，悲愤不已，他的祖先思个当年也是因明朝爽约才导致兵败身亡，如今自己的盟友直接死在投奔明朝的路上，这让他不得不重新考虑与明朝的关系。思正死，滇西边境以及关外诸土司再次动摇，明朝又要面临藩篱尽撤的局面了。

陈用宾后来不断辩称，杀思正是"此一时济变万不得已之计""不得已戮思正以雪众愤，驱缅兵以保弹丸""虽不能丕国威，庶几少解危机"，但已经毫无作用了。他自己和当时的人都知道，土司内附的首领得不到安全保障，反而被杀，各土司即将离心离德，大明的西南边疆也将内缩。思正被杀后，良渊王任命之前投奔他的陇川多罕为蛮莫土司，蛮莫再次归附缅甸。

可就算到了这个时候，杨荣的开采活动依然没有停止。蛮莫的丢失让明朝彻底失去了在缅北的影响力，云南巡按宋兴祖就说："昔只一缅，今诸夷皆缅。"认为阿瓦坐大是必然的了，也认为云南将要"无险，无兵，无法，无食"，不能再抵挡缅军的袭扰。陈用宾也知道蛮莫的地理位置重要，也认为蛮莫一丢，三宣就没有了屏障。蛮莫为水路交通要道，缅甸一旦控制这里，就可以随意在缅北地区调兵。

万历三十一年（1603），良渊王遣使入贡，这是缅甸惯用的缓兵之计。万历三十二年（1604），陈用宾重新调兵遣将，为再次征讨蛮莫做准备。这时候，良渊王起兵攻打孟密，继续实现他统一缅北、建立大后方的计划。

进攻孟密的同时，良渊王派人让孟养的思轰出兵，本来因为思正被杀而有所动摇的思轰正在考虑中，但明朝腾冲参将王廷光赶紧派人制止思轰发兵增援缅甸，思轰同意了，并且让人绑了缅甸来使交给明军。良渊王知道后大怒，随即发兵攻打孟养。思轰被围困，明军都司王万年的援军还没赶到，思轰就被缅军歼灭了。思轰死，缅甸以头目思华为新的孟养土司，而思轰剩下的部下千余人被明朝安置在干崖宣抚司。自此，孟养彻底投靠缅甸，明朝再无力管辖。

万历三十三年（1605），明军守备李天常前往蛮哈任

职守备。他骑着马行至橄榄坡时，天色已黑，他决定先在
这里停留，等天亮了再启程前往蛮哈驻地。但到了晚上，
天空中开始出现一只飞鸟，哀鸣不止，而且一叫就是一整
晚。第二天起来后，李天常询问当地的土著缘由。当地的
土民告诉他，自从思正死后，这只鸟就开始出现了，一到
晚上就这样叫，到今年已经是第三年了，而后土民又给李
天常详细讲述了他们所知的思正死亡全过程，说这只鸟就
是思正的魂魄，专为自己喊冤。李天常听完后十分感慨，
自己虽然只是一个武职五品的守备，但也向天祷告，说如
果这只鸟真的是思正转世，那定当为他报仇收复失地。果
然，从此之后，那只鸟就不再悲鸣叫唤了。

时人传诵这个故事，也是对思正惨死的一种同情。但
也就是在这一年，陈用宾派遣副将陈寅顺利地击溃了蛮莫
驻军，擒获了盘踞蛮莫的多罕。收复了蛮莫后，陈用宾安排
思正的弟弟衍忠继任蛮莫土司，蛮莫重新回归了大明，这也
算是给思正收复失地了。但复仇没有做到，也不可能做到，
李天常的许诺，大明只兑现了一半。还没等李天常感到欣
慰，同年七月，朝廷以孟养丢失的罪名革职了腾冲参将王
廷光与蛮哈守备李天常，李天常的遭遇颇让人始料未及。

而明朝刚刚拿下的蛮莫也没能守住多久，缅甸重新立

了思线为蛮莫土司，并派兵协助思线进攻衍忠。衍忠抵挡不住，只能逃往干崖地区。蛮莫再次被缅甸占据。此后，明朝只是在万历四十年（1612）将衍忠安置在孟卯，设立孟卯安抚司，让他当安抚使，算是给思正后人有了一个交代，但从此明朝再不过问蛮莫了。

万历三十三年（1605）十二月，云南发生了两件事。第一件是好事，那就是万历终于停止了在云南的开矿行动，而且是以涉及军情的缘由停止的，实际上却是因为在关外已经没有任何土司效忠自己了。第二件事是，良渊王再次起兵攻打缅北，大军围困木邦土司城，木邦土司向明朝求援，而明军副将陈寅却不肯发兵援助，导致木邦土司城陷落，木邦金牌印信尽失。缅甸立孟密思礼为新的木邦土司。万历三十四年（1606），明朝在缅北的最后一个土司宣告改旗易帜，金字红牌体系彻底终结。事后，陈寅被罢官，被判终身监禁，游击将军刘素也被罢官。

尾声

万历三十四年（1606），明朝失去了腾越八关外的所有土司，明缅战争到这一年已经断断续续持续了二十多年，明朝的疆域退缩到了八关至遮放一带。孟养、孟拱、蛮莫、孟密、木邦、孟艮等缅北土司悉数归缅。而缅甸也经历了一次四分五裂又再整合的过程，良渊王在征讨木邦的途中病逝，他的儿子阿那毕隆继位，统一缅北后，开始挥军南下统一下缅甸地区，也和明朝修复了以往的关系，云南边境再次恢复了平静。

也是这一年，杨荣的生命也走到了尽头。这年三月，杨荣以马匹数量不足为由，逮捕了所在卫所挥使贺瑞凤，还扬言要捕尽六卫官员，这一次彻底激怒了云南的武将。云南指挥贺世勋、韩大光带领上万义愤填膺的百姓冲入了杨荣的官邸，一把火焚烧了这里，并且把杨荣抓住杀死，然后丢入火中焚尸灭迹。这次暴乱杀死了杨荣及其随行一共两百多人。

消息传到北京，万历震怒，几天茶饭不思，准备严厉处罚云南的官员，后来在大臣们的死命劝解下，才明白了事态的严重性，最后只杀了带头的指挥贺世勋一人作罢。

杨荣的死，也无法挽回明朝在云南的颓势，而当地的官员和将领也并没有因为一系列变故而有所改变。正直的依然正直，腐败的依然继续向土司索贿。万历三十五年

（1607），陇川宣抚使多安民因为明朝守将索贿无度而投奔缅甸，缅甸后来将多安民送回明朝，足以证明明朝依然没有改变土司承袭被盘剥的困境，而巡抚陈用宾也没能改变这一切，他的结局同样令人唏嘘。

也是万历三十五年，云南武定、寻甸地区发生叛乱，叛军长驱直入围攻省城昆明，陈用宾仓促之下来不及征召士兵，只能临时组织省城仅有的一些士兵，加上沐王府的府兵以及昆明的百姓，用街巷的石块、木头在城墙上御敌。

叛军首领阿克要求陈用宾等交出武定府官印，好让自己回去继任土官职位，但陈用宾不许，于是昆明全体军民在极端困难下连着抵抗了三昼夜。阿克火攻昆明，百姓们就帮着明军运水灭火，可最终西南方两处城门还是被攻破了，而明朝的援军又没有赶来，陈用宾万不得已往城楼下掷出了武定府大印。阿克得印后撤军，昆明的围困才解除，史称"武寻之变"。

直到昆明解围了一个月，明朝的援军才赶到，陈用宾等人随即兵分五路追剿阿克叛军。一直到第二年，也就是万历三十六年（1608），才彻底剿灭叛军。但同年八月，陈用宾被弹劾失印之罪，于万历三十七年（1609）被抓捕下狱，同样被抓的还有代理黔国公一职的沐睿，本已退居幕后的沐昌祚不得不重新执掌云南大权。陈用宾情急之下的缓兵之计，依然没有逃过朝廷的制裁，连带沐王府的人也治罪了，某种程度上也算与他对思正内奔一事处理不当扯平了。

陈用宾在云南十七年，励精图治却还是这个结局，足以证明明末西南边疆内缩已是定局。陈用宾被判秋后处决，但没等执行他就病死在牢里了，一同病死的还有沐睿，云南一地曾经地位最高的两个执政长官都死于狱中。参与过明缅战争的人物中，邓子龙最后牺牲在朝鲜，露梁海战中误中友军火箭导致战船起火，年过七旬的他壮烈殉国。而刘綎则在朝鲜之战后出征萨尔浒，身负重伤却依然冲锋不止，英勇殉国。

陈用宾留下的腾越八关最终还是守住了大明的三宣地区，但曾经的三宣六慰体系，六慰尽失，缅北土司已经全部投靠缅甸，被纳入了缅甸的版图，大明再也无力控制这些地区。

大明和缅甸的故事依然没有完。事实上，仅仅过了四十几年，大明朝就在内忧外患中终结了。有意思的是，曾经羁縻管理、得过且过的云南地区，却成为了明朝政权坚持到最后的地区。1659 年，南明最后的皇帝永历帝率领部下进入缅甸。入缅甸的第一站就是蛮莫，明朝曾经为此地打了数仗，耗费巨大，但此时的蛮莫土司已经为缅甸戍边了半个世纪，已彻底臣服于缅甸。云南边地土司也在这个时候重新和明军一起抗击外敌。他们还在李定国将军的率领下南下阿瓦，营救永历，但最终大家都失败了。第十六代、也是最后一代黔国公沐天波也在咒水之难中葬身缅甸。世镇云南二百八十二年的沐王府正式宣告结束，但那已经是另外一个故事了。

参考文献

图书

张廷玉等《明史》，中华书局 1974 年版

瞿九思《万历武功录》，中华书局 1962 年版

王宗载《四夷馆考》，东方学会

戚继光《纪效新书》，中华书局 1996 年版

茅元仪《武备志》，上海古籍出版社 2002 年版

《明实录》，台湾"中央研究院"历史语言研究所 1962 年版

刘文徵《滇志》，上海古籍出版社 2022 年版

王士性《广志绎》，中华书局 1987 年版

李谋等译《琉璃宫史》，商务印书馆 2007 年版

［英］哈威著 姚枬译《缅甸史》，商务印书馆 1957 年版

段立生著《泰国通史》，上海社会科学院出版社 2014 年版

ชูชาติ-วุฒิชาติ ชุ่มสนิท（初查·乌提查·崇萨尼著）《๑๐๐ชีคลือนาน
สงครามไทย-พม่า》（《泰缅战争 100 位著名人物》），สำนักพิมพ์อันพู
（安普出版社）2012 年版

江应樑著《傣族史》，四川民族出版社 1983 年版

陆韧著《云南对外交通史》，云南民族出版社 1997 年版

อาณัติ อนันตภาค（阿纳·阿南达帕编）《ประวัติศาสตร์พม่า แผ่นดินแห่งความแตกแยก》

（《缅 甸 历 史 —— 分 裂 的 土 地》），อิปซีสำนักพิมพ์

（EBC 出版社）2013 年 11 月版

任萍著《明代四夷馆研究》，北京师范大学出版社 2015 年版

李云泉著《朝贡制度史论》，新华出版社 2004 年版

王静著《中国古代中央馆客制度研究》，黑龙江教育出版社

2013 年版

孙魏著《明代外交机构研究》，中国书籍出版社 2019 年版

余定邦、陈树森著《中泰关系史》，中华书局 2009 年版

《北京图书馆古籍珍本丛刊》，书目文献出版社

［缅］纳茂蓬觉著《英缅战争史》，香港社会科学出版社

2008 年版

龚荫著《中国土司制度简史》，四川人民出版社 2014 年版

王兆春著《中国火器史》，军事科学出版社 1991 年版

王兆春著《世界火器史》，军事科学出版社 1991 年版

ดร.สุเนตร·ชุตินธรานนท์（素尼·楚西拉隆著）《พม่ารบไทย

ว่าด้วยการสงครามระหว่างไทยกับพม่า》（《泰缅之战 —— 解读泰缅战

争》），สำนักพิมพ์ศิลปวัฒนธรรม（文化艺术出版社）2012 年版

论文

王春桥：《边地土司与近代滇西边界的形成》，云南大学博士
　　研究生学位论文，2015 年。

王春桥：《明清云南西部边地土司"内外"分际的历史过
　　程》，《中国地理历史论丛》2019 年第 1 期。

赵昕：《博弈与互动：云南边疆土司与明清中缅关系研究》，
　　云南大学硕士研究生论文，2016 年。

赵彩军：《缅甸史籍中的中国形象研究》，广东外语外贸大学
　　硕士研究生论文，2020 年。

洪朝晖：《古代缅甸寺院经济研究》，云南大学硕士研究生学
　　位论文，2015 年。

伍洲扬：《明代中国云南与缅甸的文化交流研究》，云南大学
　　硕士研究生学位论文，2016 年。

宦朱佳：《明代火器研究——以火铳和火炮为中心》，杭州师
　　范大学硕士研究生学位论文，2016 年。

蔡豪：《夹缝中的抉择：十六世纪后期明缅之间的滇西土
　　司》，南京大学硕士研究生学位论文，2011 年。

于秀情：《明朝经营百夷研究》，中央民族大学博士研究生学
　　位论文，2003 年。

梁新伟：《明清时期云南府土司研究》，云南大学硕士研究生学位论文，2015 年。

张妙：《明清时期永昌、普洱两地百夷发展差异探究》，云南大学硕士研究生学位论文，2013 年。

曹崇岩：《明代兵备道研究》，西北师范大学硕士研究生学位论文，2010 年。

张磊：《明代嘉靖至万历间中缅冲突研究》，云南大学硕士研究生学位论文，2010 年。

王相虎：《明代云南府军事防御体系研究》，云南大学硕士研究生学位论文，2010 年。

赵珂悦：《博弈与制衡：明代云南沐氏家族、镇守宦官及土司间关系研究》，西南大学硕士研究生学位论文，2018 年。

古永继：《明代滇西地区内地移民对中缅关系的影响》，《中国边疆史地研究》2008 年第 3 期。

陈珊：《明代武学与武举研究》，云南大学硕士研究生学位论文，2017 年。

谢威风：《明代武职荐举研究》，云南大学硕士研究生学位论文，2017 年。

李建军、谭莲秀：《沐氏家族与云南官民关系考》，《曲靖师范学院学报》2005 年第 1 期。

张熙勤：《〈西南夷风土记〉及其所见族群与社会》，《贵州民族研究》2020 年第 10 期。

刘详学：《明代驯象卫考论》，《历史研究》2011 年第 1 期。

谢椏炜：《明代广西驯象卫新论》，《广西地方志》2021 年第 6 期。

朱迪：《耿马摆夷土司及其国家关系研究》，云南大学硕士研究生论文，2016 年。

赵永胜：《缅甸土司制度的兴衰（1287—1959 年)》，《世界民族》2016 年第 1 期。

张磊：《明代云南土司袭职困境研究——兼论明末西南边疆控制的削弱》，《文山学院学报》2014 年第 1 期。

杨复兴：《明将邓子龙在云南遗迹考察》，《云南民族学院学报》1987 年第 4 期。

李枝彩：《施甸姚关一带的明代反侵略战争遗迹》，《保山师专学报》1999 年第 1 期。

余定邦：《1583 年中缅姚关之战——读〈恤忠祠〉记》，《中国边疆史地研究》2005 年第 1 期。

杨清媚：《16 世纪车里宣慰使的婚礼——对西南边疆联姻与土司制度的历史人类学考察》，《云南师范大学学报（哲学社会科学版)》2012 年第 2 期。

杨世武：《明朝对孟密与木邦土司纷争的处置及影响窥探》，
《湖北民族学院学报（哲学社会科学版)》2018 年第
6 期。

刘勇：《明儒李材与万历十四年的中缅之战》，《第十八届
明史国际学术研讨会暨首届阳明文化国际论坛论文集
（上)》，会议时间 2017 年。

李永：《试析云南傣族干崖宣抚司边疆社会治理体系的构
建》，《佳木斯职业学院学报》2018 年第 11 期。

李永：《试析云南傣族干崖宣抚司的历史沿革及区域变迁》，
《佳木斯职业学院学报》2018 年第 10 期。

罗勇：《明代西南边疆经略中的粮饷供应问题》，《中国边疆
史地研究》2016 年第 3 期。

罗勇：《政区、大姓与云南土司制度》，《青海民族大学学报
（社会科学版)》2016 年第 1 期。

何平：《缅甸封建王朝势力的北扩与掸邦的形成》，《东南
亚》2003 年第 2 期。

何平：《移居印度的傣族后裔阿洪姆人的历史文化变迁》，
《东南亚南亚研究》2009 年第 1 期。

何平：《国际泰学研究领域的又一个讹误——缅甸历史上的

"掸族三兄弟"与"掸族统治时代"神话探析》,《世界民族》2002 年第 5 期。

吴臣辉:《试论明末云南巡抚陈用宾的边疆建设》,《保山学院学报》2013 年第 6 期。

杨涛:《明末云南巡抚陈用宾述评》,《云南师范大学学报（哲学社会科学版）》1996 年第 1 期。

杨涛:《对〈明史〉中有关云南巡抚陈用宾史实的补正》,《云南师范大学学报（哲学社会科学版）》1996 年第 3 期。

段红云:《明万历年间腾越"八关"的设置对明清中缅疆域变迁的影响》,《云南师范大学学报（哲学社会科学版）》2016 年第 5 期。

卢中阳:《缅甸历史上的指定服役制度与早期国家》,《西南古籍研究》2016 年刊。

魏贵华:《缅甸封建社会的"蔓荼罗"行政结构》,《东南亚》2001 年第 1 期。

邹怀强:《缅族崛起对缅甸及其周边地区民族分布格局的影响》,《思想战线》2021 年第 3 期。

何平:《缅甸历史上的封建制与奴隶制》,《世界历史》2005 年第 1 期。

贺圣达：《缅甸封建社会的特点初探》，《云南社会科学》
　　1991 年第 6 期。

魏贵华：《缅甸封建社会政权与教权（上座部佛教）的关
　　系》，《东南亚纵横》2002 年 C1 期。

董振宇：《明末西南边界冲突——东吁王朝崛起与万历明缅
　　战争》，《战争事典》2018 年 041。

李文颖：《明代四夷馆新探》，南京大学硕士研究生学位论
　　文，2017 年。

韦红萍：《明朝以来培养东南亚语种人才的道路》，广西民族
　　大学硕士研究生学位论文，2008 年。

张云飞：《明朝会同馆研究》，《中国历史教学参考》2015 年
　　第 20 期。

李建军：《沐氏家族与明代中泰、中老关系研究》，《湖南师
　　范大学社会科学学报》2009 年第 4 期。

魏华仙：《论明代会同馆与对外朝贡贸易》，《四川师范学院
　　学报（哲学社会科学版）》2000 年第 3 期。

杜翔：《明代对外贸易中的会同馆互市制度》，《首都博物馆
　　丛刊》1995 年刊

秦博：《论明代文武臣僚间的权力庇佑——以俞大猷“谈
　　兵”为中心》，《社会科学辑刊》2017 年第 4 期。

冯立军：《论明至清中叶滇缅贸易与管理》，《南洋问题研究》2005 年第 3 期。

李新铭：《马帮、商铺与移民：贡榜王朝时期缅甸阿摩罗补罗的华商群体》，《东南亚研究》2016 年第 3 期。

龙晓燕：《勐、曼陀罗与大一统中国：滇西耿马土司的"国家化"研究》，《思想战线》2018 年第 5 期。

杨亚东、崔汝贤：《明代云南土司地区儒学教育体系建构研究》，《玉溪师范学院学报》2020 年第 2 期。

马健雄：《明清时期掸傣土司区域的非中心化政体与联姻政治》，《思想战线》2020 年第 2 期。

肖正伟：《试析哀牢文化与哀牢犁耙会的渊源关系》，《保山学院学报》2010 年第 4 期。

张志臣：《云南傣族武术的历史沿革与发展变迁研究》，成都体育学院硕士研究生学位论文，2014 年。

任柳：《"麓川战役"与云南卫所军功研究》，《云南民族大学学报（哲学社会科学版）》2021 年第 1 期。

段知力：《中缅宗藩关系研究》，湖南师范大学博士研究生学位论文，2021 年。

石坚军：《元缅首战考》，《大理学院学报》2007 年第 11 期。

杨国影：《从〈琉璃宫史〉看东吁王朝的王族婚姻》，《东南亚研究》2008 年第 2 期。

（缅）戚基耶基纽、李秉年、南珍《蒲甘王朝至贡榜王朝
时期的中缅友好关系》，《东南亚研究资料》1982 年第
3 期。

后 记

从开始萌生写明缅战争的念头，到开始看第一篇资料，再到写下第一个字，其间过去了数年。本以为要花很长时间才能完成的书稿，结果写完仅仅用了几个月时间，曾经以为自己至少得到 40 岁才会出第一本书，没想到提前完成了。人生就是如此难以预料，我想历史上的人们也是一样的吧。

你没办法预料未来发展，但你可以去了解历史。人们常说历史没有如果，所以有想法、有时间就抓紧去实现，抓住当下比什么都重要。

我很庆幸自己能有这么一块历史领域去学习和了解，虽然我不是专业学者，但我依然很开心能有这样一段治学经历。我常常和朋友们调侃我是捡"边角料"的，但我乐此不疲，只要捡得足够多，总能拼出一个属于自己的完整世界。本书的写作过程对我有极大的帮助，让我完整地了解了写一本书需要经历哪些环节，做哪些工作，看多少资料，付出多少心血。

也许是因为国内目前关注中南半岛区域古代史的人太

少，我才有这个机会把这段历史整理出来，期间也求教过研究相关方向的历史学者，无论是中国的还是泰国的，给出的答案都类似——自从二十世纪八九十年代之后，国内中南半岛乃至整个东南亚的古代史研究，整体上处于停滞的状态。往往有历史研究能力的人不掌握研究国的语言，而掌握相关语言的人又没有专业的历史研究能力。

但就算如此，近些年还是涌现出了一批年轻的历史学者专注于这个区域的历史研究。本书能够写成，首先得感谢以前与现在的学者们，是在他们的研究基础上，我才能总结提炼出本书内容。我深知，哪怕在国内属于冷门的这一领域，史料和相关的研究成果也是汗牛充栋，足够钻研一辈子。

自古以来，缅甸就是我们的邻居，历史上的中缅两国交往频繁，互通使节，绝大部分时间都是和谐的友好邻邦。但在极少数情况下，在双方朝代更替、政局变化时期，会产生冲突，元、明、清三朝的中缅边境战争皆因此而来。缅甸乃至中南半岛的治史传统远不如中国这样悠久、严谨，没有大量的史料可以对比印证，这就导致缅甸方面翻译过来的史料很多带有演义和神话色彩，而且缅甸方面在对外战争的记载上，往往会刻意回避负面战绩的部分，甚至加以修改，所以采用史料的时候就得非常慎重。

　　我的专业是泰语，我研究缅甸的武备所用的战史资料更多是来自泰国以及中文资料。泰国和缅甸曾打了几个世纪的仗，作为对手，双方对彼此的了解程度很深，再通过对比中国的史料记载，勉强能还原出明缅战争双方的大致面貌。在最初动笔时，我在微博上写道："此文不是考据文，也不是历史文"，我希望读者朋友们将它仅仅作为一个参考。如果本书能对您了解中南半岛和明代相关的历史有所帮助，激发您的阅读兴趣，那我就十分荣幸了。

　　另外，书中对于大量的战斗场面，我进行了一定程度的虚构创作，不能代表当年的真实情况，缅军的出兵人数我也进行了一定校正。缅、泰史料中，动辄出兵十几万或几十万的记载实在很难让人信服，以缅甸当时的动员能力和生产力水平，几乎不可能维持如此庞大规模的后勤系统，就算动员奴隶一起上阵，人数最多也就是数万人。而明军对于自己的人数记载则相对靠谱，但对土司兵的人数记载也有所夸张，这些我都做了修改，使之更加符合历史原貌。

　　非常期待未来还有此领域优秀的创作者出现，一起添砖加瓦，填补空白，同时给予指正，希望此区域的历史研究会繁荣起来。感谢相关的研究者们，比如《琉璃宫史》的翻译者李谋老师等，研究缅甸历史的何平老师，研究傣族历史的江应樑老师，泰国历史的段立生老师，以及诸多无法一一列出的论文作者们，你们的研究成果丰富了我对缅甸历史的认知。王春桥博士所写的《边地土司与近代滇西边界形成》论文，对于我梳理明缅战争时间线提供了巨大的帮助，于秀情博士的论文《明朝经营百夷研究》对于我梳理百夷地区的状况有很大帮助，任萍老师的《明代四夷馆研究》让我了解了明朝非常有趣的朝贡贸易细节和翻译生活，刘勇老师的《明儒李材与万历十四年的中缅之战》，张磊老师的《明代嘉靖至万历间中缅冲突研究》，蔡豪的《夹缝中的抉择：十六世纪后期明缅之间的滇西土司》都对我完成本书有不小的帮助，篇幅所限，还有很多很多论文资料的作者无法列出，感谢你们。

再次感谢本书能顺利出版面市，感谢中华书局的傅可老师。非常感谢中山大学历史系博士谢信业的制图以及帮助，对于考证行军路线、战役时间，以及人物名称等问题给予了我非常专业的建议和指点，书中的战略事态图堪称经典，值得收藏。感谢泰国清迈大学历史系博士，任职于宋卡王子大学的 Sarut petchsakunwog（洪清泉）老师，作为我学生时代的老师之一，在中南半岛历史相关问题上，他不厌其烦的解惑让我获益良多。感谢张玉提供的傣族武备照片，花蚀提供的缅甸一手照片。感谢前香港电影金像奖主席、著名导演陈嘉上先生，武备研究专家龚剑老师，漫画《镖人》《刺客信条：王朝》作者许先哲为本书写的书推。承蒙诸位抬爱，没有大家的帮助，我是断不可能完成这本书的。

杨添

2022 年 11 月 1 日于家中